当代传统文化与素质教育研究

伍 韬◎著

北京工业大学出版社

图书在版编目（CIP）数据

当代传统文化与素质教育研究 / 伍韬著． — 北京：北京工业大学出版社，2022.2
ISBN 978-7-5639-8273-8

Ⅰ．①当… Ⅱ．①伍… Ⅲ．①传统文化－关系－大学生－素质教育－研究 Ⅳ．① K203 ② G640

中国版本图书馆 CIP 数据核字（2022）第 035158 号

当代传统文化与素质教育研究
DANGDAI CHUANTONG WENHUA YU SUZHI JIAOYU YANJIU

著　　者：	伍　韬
责任编辑：	张　贤
封面设计：	知更壹点
出版发行：	北京工业大学出版社
	（北京市朝阳区平乐园 100 号　邮编：100124）
	010-67391722（传真）　　bgdcbs@sina.com
经销单位：	全国各地新华书店
承印单位：	唐山市铭诚印刷有限公司
开　　本：	710 毫米 ×1000 毫米　1/16
印　　张：	11.25
字　　数：	225 千字
版　　次：	2023 年 4 月第 1 版
印　　次：	2023 年 4 月第 1 次印刷
标准书号：	ISBN 978-7-5639-8273-8
定　　价：	72.00 元

版权所有　　翻印必究

（如发现印装质量问题，请寄本社发行部调换 010-67391106）

作者简介

伍韬，男，贵州省贵阳市人，现任贵州师范学院副研究员，兼任中国人民大学全国民族心理研究协作组成员、"一带一路"国际智库合作联盟成员——暹罗智库研究员。研究方向：民族教育、村落治理。

前　言

中国传统文化博大精深，是中华民族历史的结晶，对今天人们的价值观念、生活方式和中国的发展道路具有深刻的影响，其中也包含很多当今推进素质教育值得借鉴的精髓。中国传统文化对中国当代大学生也有着重要的教育意义，我们应该把中国传统文化与大学生素质教育相结合，找到中国传统文化与素质教育的结合点。

全书共七章。第一章为绪论，主要阐述了文化与传统文化、传统文化产生的根基、传统文化的历史演变、优秀传统文化对世界的影响等内容；第二章为当代大学生素质教育的现状，主要包括大学生素质教育概述、大学生素质教育现状、传统文化融入大学生素质教育的价值等内容；第三章为当代传统文化与大学生心理素质教育，主要阐述了中国传统文化中的心理学思想、中国传统文化融入心理健康教育的意义、中国传统文化的情感教育价值等内容；第四章为当代传统文化与大学生职业素质教育，主要阐述了中国传统敬业观、当代职业素质构成及职业素质要求、传统文化融入大学生职业素质教育等内容；第五章为当代传统文化与大学生人文素质教育，主要包括儒家人文思想概述、儒家思想与大学生人文素质教育的联动、儒家思想与大学生人文素质教育的融合等内容；第六章为当代传统文化与大学生道德素质教育，主要阐述了传统文化与大学生诚信教育、传统文化与大学生感恩教育、传统文化与大学生修身教育等内容；第七章为传统文化融入大学生素质教育的整体实现路径，主要阐述了课程教育路径、校园文化路径、社会实践路径、网络媒体路径等内容。

在撰写本书的过程中，借鉴了国内外很多相关的研究成果以及著作、期刊、论文等，在此对相关学者、专家表示诚挚的感谢。

由于笔者水平有限，书中有一些内容还有待进一步研究和论证，在此恳切地希望各位同行专家和读者朋友予以斧正。

目　　录

第一章　绪论 ··· 1
　　第一节　文化与传统文化 ·· 1
　　第二节　传统文化产生的根基 ·· 16
　　第三节　传统文化的历史演变 ·· 20
　　第四节　传统文化对世界的影响 ·· 23

第二章　当代大学生素质教育的现状 ·· 29
　　第一节　大学生素质教育概述 ·· 29
　　第二节　大学生素质教育现状 ·· 37
　　第三节　传统文化融入大学生素质教育的价值 ······················· 40

第三章　当代传统文化与大学生心理素质教育 ····························· 45
　　第一节　中国传统文化中的心理学思想 ······························· 45
　　第二节　中国传统文化融入心理健康教育的意义 ···················· 48
　　第三节　中国传统文化的情感教育价值 ······························· 52

第四章　当代传统文化与大学生职业素质教育 ····························· 62
　　第一节　中国传统敬业观 ··· 62
　　第二节　当代职业素质构成及职业素质要求 ·························· 67
　　第三节　传统文化融入大学生职业素质教育 ·························· 75

第五章　当代传统文化与大学生人文素质教育 ····························· 82
　　第一节　儒家人文思想概述 ·· 82
　　第二节　儒家思想与大学生人文素质教育的联动 ···················· 88
　　第三节　儒家思想与大学生人文素质教育的融合 ···················· 95

第六章　当代传统文化与大学生道德素质教育·············102
第一节　传统文化与大学生诚信教育·············102
第二节　传统文化与大学生感恩教育·············115
第三节　传统文化与大学生修身教育·············133

第七章　传统文化融入大学生素质教育的整体实现路径·············139
第一节　课程教育路径·············139
第二节　校园文化路径·············144
第三节　社会实践路径·············155
第四节　网络媒体路径·············168

参考文献·············171

第一章 绪论

优秀传统文化是中华民族上下五千年积累的瑰宝,作为传承至今的精神基因,融入在全体中华儿女的血脉中,是中华民族延续千年、生生不息的根源。优秀传统文化作为中国文化的重要组成部分,不受社会形态的限制,在社会的变迁和历史的演进中,仍散发着魅力与光芒。本章分为文化与传统文化、传统文化产生的根基、传统文化的历史演变、传统文化对世界的影响四部分。

第一节 文化与传统文化

一、文化

人类创造了文化,文化塑造着人类,并推动了人类社会发展。文化内涵丰富、外延宽泛。有人把文化比作一张"无网之网",强调文化是世界与人生的巨大包容体,突显出文化无所不在、无所不包、无时不有的特点。1871年,泰勒在《原始文化》一书中对文化进行定义后,人们从历史传统、社会背景、学科特点等不同视角对文化进行了界定。迄今为止,关于文化的定义已有几百种,可以说,人类发展史就是一部文化史。纵观人类历史,不同国家和民族因其历史传统、文化背景、基本国情的差异,对文化的定义和解读不尽相同。

(一)文化的含义

1. 中国关于文化起源与界定

中华文化源远流长,在五千年文明史形成的文明成果灿若星河。据考证,文化是典型的中国词汇,在春秋战国时期的文献中已有文化的相关记载。

起初,"文"与"化"单独使用,各表其义。"文"的本义指各色交错的纹理。《易·系辞下》载:"物相杂,故曰文。"《礼记·乐记》称:"五色成文而不乱。"《说文解字》称:"文,错画也,象交文。""化"本义为化生、改易、生成、造化。《礼记·乐记》曰:"和,故百物皆化。"《庄子·逍遥游》中载"化而为鸟,其名为鹏。"《易·系辞下》曰:"男女构精,万物化生。"《黄帝内经·素问》曰:"化不可代,时不可违。"《礼记·中庸》曰:"可以赞天地之化育。"总结归纳以上各种表述,可以看到"化"的本意是指事物形态或性质的改变。后来,"化"的含义进一步拓展,引申为教行迁善之义。将"文"与"化"合为一词使用,据已有文献记载,最早出现于战国末年儒生编辑的《周易·象传》,书中提到"观乎人文,以化成天下",这是关于"文化"的最初提法。

在《周易正义》中孔颖达进一步解释道:"观乎人文以化成天下者,言圣人观察人文,则诗书礼乐之谓,当法此教而化成天下也。"在这里,"文"是从纹理之义演化而来,进而衍生出"天文""人文",用来表述自然规律和人伦、社会规律等。这段话里,"人文"和"化成天下"连在一起使用,"以文教化"的思想已十分清晰。西汉后,"文"与"化"两个字才合成一个词表意,如西汉刘向说:"圣人之治天下也,先文德而后武力。凡武之兴,为不服也。文化不改,然后加诛。"晋束皙说:"文化内辑,武功外悠。"梁昭明太子萧统注曰:"言以文化辑和于内,用武功加于外边也。"这里的"文化"是与"武功"相辅相成的统治方法。

综上所述,从古代文献中可以看出,"文化"的"文"与"化"各表其义,当"文"与"化"组成新词之后,其含义就非常明确,所指内容无非是精神活动,即诗书礼乐、道德风俗以及政治制度等。总之,古代典籍中的"文化"跳不出社会上层建筑的范畴。这与我们今天常说的文化在含义上有近似之点,但又有不同之处。近代以来,伴随着西学东渐,关于文化含义解释的日益宽泛,中国有识之士阐发了对于文化的理解。蔡元培认为"文化是人生发展的状况",他更多的是从人类社会发展状况来定义文化。梁漱溟也认为文化是人类生活的样法,文化包括物质生活、社会生活和精神生活三大领域。此后,梁漱溟对文化的含义做了进一步阐述,认为文化涵盖了人类各民族如何进行生产,其所有器具、技术及相关的社会制度、宗教信仰、道德习惯、教育设施,乃至语言、衣食、家庭生活等内容。梁漱溟指出:"中国文化是一个整体。它为中国人所享用,亦为中国人所创造,复转而陶铸了中国人。"他对文化内容的丰富性、系统性,以及中国人创造文化,文化反过来塑造中国人的思想等予以深刻阐述。近代学者强调文化的包容性、丰富性,对文化涵盖的领域、具体内容、形成条件等方面进行研究阐释。

随着时空转换,文化一词不断演变,内涵不断丰富,成为学者关注的重点、学科探讨的热点，也成为人类研究的永恒课题。

2. 西方关于文化的起源与界定

文化一词在西方产生于拉丁语 culture，是表示过程的名词，原义是指对土地的耕作、饲养动物等。在现代英语含有 culture 词根的单词中仍保留着耕种、饲养等含义，如 agriculture（农业）、horticulture（园艺）以及 cultured pearls（人工养殖的珍珠）等。中西方关于文化的起源、含义的最初表述，还是有很大差异。综合中西方对文化含义的界定，有助于拓宽思路、全面掌握文化的含义。

古罗马哲学家西塞罗对西方文化的贡献主要体现在对文化的转义方面。在"智慧文化即哲学"这句名言中，他对文化的转义做了明确的表述，文化一词的含义变得更为丰富，具有了培养、教育、发展、信仰、尊重等含义。什么是文化、如何界定文化也成为国外学者广泛关注的问题。西方学者从不同的视角对文化进行了解读。

（1）从哲学的角度谈对文化的理解

康德在《判断力批判》中指出："在一个有理性的存在者里面，产生一种达到任何自行抉择的目的的能力，从而也就是产生一个存在者自由地抉择其目的之能力的就是文化。"康德认为文化是主体（有理性的存在者）改造客体的活动和能力，强调了文化的主体选择性和能动创造性。黑格尔认为"文化以其绝对的定义说……是解放和高度解放的工作"。这一定义强调了文化的价值性及其产生的客观效果。康德和黑格尔对文化的理解都以人与文化的联系为切入点，强调文化的产生是基于主体和客体相互作用、相互影响，突显了文化的主体作用。两者关于文化的定义，对马克思主义文化观也有着深刻的影响。

（2）从文化的特性去解读文化

英国学者威廉斯曾说过文化一词是英语语言中最复杂的词之一。美国学者劳尔描述文化的定义，就像用手去抓空气，除了没有抓到，它无处不在。劳尔关于文化的定义幽默形象，强调文化的巨大包容性、宽泛性，说明文化对人们的影响之大，无处不在，无时不有。

（3）从文化人类学角度定义文化

美国人类学家路易斯·亨利·摩尔根认为文化是在人类社会发展进程中形成和完善的。人类的"生存的技术"（具体包括"生产技术"和"生活技术"）的发明创造以及由此带来的人类智力的进步，推动着人类不断发展。他认为文化与人类相伴相生，文化表现为技术的进步、智力的发展。英国文化人类学家泰勒在《原始文化》中强调文化是一个复合体，他这样界定文化："是包括全部的知识、信仰、艺术、道德、法律、风俗以及作为社会成员的人所掌握和接受的任何其他的才能和习惯的复合体。"

泰勒从人类学角度出发，侧重于从精神层面来界定文化，强调文化的社会属性，并把文化视为一个整体，这一定义的提出对后人研究文化产生了重要影响。

（4）运用综合的思维方式对文化的含义进行系统梳理

西方学者并不满足于给文化下定义，还对以往文化的定义进行梳理整合。其中美国的代表人物是克罗伯和克拉克洪。他们对已有的文化的概念进行了详细考察和梳理后，在《文化的概念》一书中提出他们对文化的界定："文化由外层和内隐的行为模式构成。""文化的核心部分是传统的（即历史地获得和选择的）观念，尤其是它们所带的价值。"

此外，英国学者雷蒙·威廉斯，认真梳理了18世纪以来"文化"含义的演变，在此基础上阐发自己了对"文化"的理解。他认为18世纪以来"文化"的含义主要包括以下几种："心灵的普遍状态或习惯""整个社会的知识发展的普遍状态""各种艺术的普遍状态""一种由物质、知识和精神构成的整体生活方式"。

威廉斯认为任何完善的文化理论都应该包括这些定义，他自己最认同最后一种含义，因为文化是一幅特殊的地图，能够记录下历史变迁所引发的一系列反应。

威廉斯认为文化不仅仅是一些理智和想象的作品，更重要的是一种整体的生活方式。威廉斯结合文化实践，提出文化往往以"主流文化""新生文化""残余文化"三种主要形式存在。威廉斯结合当时的社会历史条件，站在无产阶级的立场上，更加看重作为新生文化的"工人阶级文化"。

中西方关于文化的起源的观点与本民族的文化背景、思维方式息息相关。随着时间的推移和社会的发展，文化一词不断演变，各位学者对文化研究的热度不减，从各自的研究领域出发，运用不同的研究方法，从不同的研究视角去探究、解读、阐释关于文化的基本问题。

3. 文化的基本含义

中西方关于文化的起源、演变的观点都基于不同的文化背景、历史传统、思维模式。我们的观点一般从狭义和广义两个层面去界定文化。《辞海》对文化的定义就是从广义、狭义两个层面展开。广义指"人类在社会实践过程中所获得的物质、精神的生产能力和创造的物质、精神财富的总和"。狭义指"精神生产能力和精神产品，包括一切社会意识形式：自然科学、技术科学、社会意识形态。有时又专指教育、科学、文学、艺术、卫生、体育等方面的知识与设施"。

《辞海》中对文化的定义，有助于我们从宏观和微观层面理解文化。《苏联大百科全书》也将文化概念做了广义与狭义的区分。广义上的文化强调的"是社会和人在历史上一定的发展水平，它表现为人们进行生活和活动的种种类型和形式，以及人们所创造的物质和精神财富"；狭义上的文化"仅指人们精神生活领域"。《大英百科全书》将文化概念分为两类。第一类是"一般性"的定义，即文化等同于"总体的人类社会遗产"；第二类是"多元的相对的"文化概念。在苏联和英国这两部大百科全书中，狭义文化更侧重于文化的内涵，广义的文化更侧重于文化的外延。

词典和书籍对文化的定义，有助于我们更准确全面地把握文化的含义。近现代中国学者也对文化进行了定义。梁漱溟认为"文化，就是吾人生活所依靠之一切""文化之本义，应在经济、政治，乃至一切无所不包"。这一界定强调文化的宽泛性，无所不有，无所不包。陈独秀从狭义上解释文化，认为文化"包含着科学、宗教、道德、美术、文学、音乐这几种"。狭义层面的文化更为具象化。瞿秋白从唯物史观出发，对文化做出解读，"所谓'文化'（Culture）是人类之一切'所作'"，具体来说包括："生产力之状态""经济关系""社会政治组织""社会心理""思想系统"。在这里，瞿秋白明确规定了广义文化的内涵，强调文化巨大的包容性，是人类创造的所有总和。毛泽东以历史唯物主义为指导，定义狭义文化："一定的文化（当作观念形态的文化）是一定社会的政治和经济的反映，又给予伟大影响和作用于一定社会的政治和经济。"

毛泽东强调文化为"观念形态的文化"，属于上层建筑范畴，与社会的经济、政治相对应，并影响和作用于经济、政治。总之，中国学者从历史唯物主义的角度出发，阐述了文化与政治经济的关系，强调文化的巨大反作用。

（二）文化的分类

文化作为无所不包、无所不有的文化形态，关于如何将文化进行分类整合这一问题，学者从不同角度进行了探究。

1. 从文化形态上来看

文化可以分为理论形态的文化和世俗形态的文化。陈先达认为："文化有理论形态的文化，也有世俗形态的文化。"两者相互影响、相互作用。陈先达认为，文化是人创造的，是人的精神生产出的观念形态的产品，它表现在人类创造的哲学、宗教、文学、艺术、音乐等经典文化形态之中，也表现在人类日常生活的世俗形态之中。

日常生活中的文化观念、民间文化和当代的大众文化都是文化的世俗形态。世俗生活为理论形态的文化提供深厚土壤和现实背景；理论形态的文化是世俗生活的理论升华、凝练。无论是哪种形态的文化，"就其内容而言，归根到底都来源于人们生活其中的社会"。在人们生产实践和社会生活中形成的文化，会随着社会的发展变迁与时俱进、推陈出新。

2. 从文化结构来看

文化分为物质文化、制度文化、精神文化。庞朴从马克思主义基本理论出发，以近代中国文化的发展为蓝本，将文化分为外层、中层、核心三个层面："外层是物的部分，即马克思所说的'第二自然'或对象化了的劳动；中层是心物结合的部分，包括关于自然和社会的理论、社会组织制度等；核心层是心的部分，即文化心理状态，包括价值观念、思维方式、审美趣味、道德情操、宗教情绪、民族性格等。"庞朴认为物质、制度、精神三种文化分别于与文化的外层、中层、核心相对应。其中物质层面的文化变化快、传播快；制度层面文化具有权威性，对普通人具有约束性；精神层面是文化最核心的部分，是较为稳定的层面。三个层面的文化地位不同，作用各有侧重。

3. 从文化的影响力来看

文化分为主流文化与非主流文化。主流文化在一个社会上占主导地位，与社会主流意识形态相一致，为社会多数人所接受的文化。主流文化影响力大，引领文化发展走向。非主流文化在社会中影响力较小，为一部分社会成员或某一社会群体所接受。非主流文化传播力度小，辐射面积小，对特定的群体和成员具有教化作用。

研究者从不同视角出发对文化进行了分类，如从地域角度划分，有东方文化、欧美文化等；从学科属性来看，可以分为政治文化、科技文化、艺术文化等；从文化的功能划分，有饮食文化、茶文化、服饰文化等。文化的分类与分层，有助于更好地理解文化的内涵与功能。

（三）文化的功能

文化是历史的产物，是人类创造的产品总和。文化包括科学、哲学、文学、艺术、教育等，具有丰富的内涵，具有多样性的功能。加深对文化功能的认知，有利于更好地发挥文化在推动社会发展方面的积极价值。

1. 认知功能

文化是人们在认识世界、改造世界的过程中形成发展起来的。自然文化、科技文化、人文文化等所包含的知识是对人类社会发展经验的总结和累积，文化有助于帮助人们认知和协调人与自然、人与社会、人与自身的关系。

2. 识别功能

文化与一个国家、一个民族的历史紧密相连，能突显国家特色、民族特征、群体共性。文化是区别不同国家、民族的重要标志。价值观念、思维方式、规范制度、传统习俗、语言文字等的差别，为识别不同国家、民族提供重要的参照。

3. 传承功能

传承是文化的一项重要功能。中华文化历经五千年未曾断流，靠的就是文化的传承创新。文化通过各种符号，如文字、语言等，通过各种载体，如文物、建筑、风俗等，通过各种学科，如文学、哲学、自然科学等，代代传承、生生不息。文化具有引领功能。文化作为一种精神力量，对政治经济的发展具有能动的反作用。适应时代发展的文化，能引领社会发展进程，指明社会发展方向。文化不仅引领国家的发展、民族的进步，为社会发展注入强大的动力，也能引领个人成长进步。总之，代表未来发展方向的、先进的文化能推动社会的发展进步；反之，与时代发展背向而驰的、没落的文化将直接阻碍社会发展。

4. 教化功能

文化本质是观念形态，属于上层建筑的范畴。文化代代传承，文化固有的价值观念、道德情操、科学知识等对人和社会具有教化功能。通过家庭教育、学校教育、社会宣传、社会示范等文化手段，规范个人行为，凝聚社会共识。

（四）文化的特征

"文化的发展是变和不变的统一，是传承延续和更新发展的统一。"文化的生命力在于延续更新，延续是基础，更新是目的，二者如文化前行的两个轮子，缺一不可。文化传承是后人对于前人文化成果的认同，要想拓展新的道路、获得新的生命，我们后辈就必须善于创新，能够在延续的基础上让我们祖先的文化成果结出新的果实。因此，文化创新是社会前进的动力，只有革除旧的、更换新的，才能让传统文化在新时代焕然一新。

1. 继承性

文化虽然由生产力和生产关系决定，但彼此间并不是完全复制重合的。这表现为，文化与经济前进的步伐有时不太一致。这是因为，文化具有强大的继承性，是可以单独存在的，不一定必须紧紧跟随经济发展。一定的文化观念一旦形成，就会或多或少存在存在于人的心里，外化为民族传统，成为一种不可低估的文化历史惯性。

无论是什么年代的思想文化，都离不开过去的人所创造的观念。人们总是在"直接碰到的、既定的、从过去承继下来的条件下创造"，这是因为我们的生活会受到整个文化环境的影响，总是通过口口相传、书籍文字等形式，从我们祖先那里学习哲学、艺术、技艺，在学习的基础上融入自身的思考，从而让传统的东西有新的展现形式。如今的文化环境，是未来探究追寻新文化的基础。没有文化的延续，就没有更高层次的飞跃。毛泽东说："我们必须尊重自己的历史，绝不能割断历史。"习近平总书记也说过："不忘历史才能开辟未来，善于继承才能善于创新。"这虽然是针对中国来说的，但同时也反映了人类文化发展的共同历史规律。

2. 创新性

文化不仅包括既定的文化成果，而且也包括创造文化的动态过程，它不是僵死的、凝固的，而是具有活的灵魂的生命体。文化虽然具有一定的稳定性和继承性，但也会根据人们在不同时代实践活动的改变而不断进行补充和创新。这种创新从内部来看，是生产力进步和社会发展的结果。正如马克思主义唯物史观所说："物质生活的生产方式制约着整个社会生活、政治生活和精神生活的过程。"当经济发展方式在一个社会发生改变，社会历史向前发展时，社会的个体成员会以新的方式面对自己所生活的环境，很少认为传统是完美的。从而那些继承并依赖传统的人就会结合自身时代发展的特征以及群众的精神文化需要对传统文化进行补充和完善，文化传统就会发生转化和创新。但这种转化创新通常以渐进的方式发生在文化传统各个组成部分的内部。

从文化创新的外部条件来看，一是由于文化的沟通交往，二是由于文化的冲突、对撞。文化的沟通交往，一方面指一种文化之中不一样的文化之间的来往，即使在同一文化传统中，也会因地域的不同出现区别。通过不同地域、民族文化的比较交流会影响这种文化的形成发展。如中华传统文化不仅是汉民族一个民族创造的，而是与蒙古族、蛮族等其他各民族广泛比较交流而最终形成的。另一方面指不同文化传统之间的交流与比较，也就是国际上不同文化传统之间的比较与交流。不同文化传统之间的交流引起的文化变迁有增添、融合、涵化、综合这几种结果。但对其他文化的吸收借鉴是有选择的，只有适应本地自然与人文环境、能与本民族文化相契合的文化要素，才有可能被选择吸收。

文化的摩擦、矛盾既发生在一种民族文化中，也有可能发生在两种文化之间。而这种矛盾冲突会打破旧的文化结构，使文化在吐故纳新的基础上进行新的整合，甚至会在外来冲击下发生文化的突变。一般来说，能够有力打破原有文化结构的是代表着先进生产力、符合时代特征的先进文化。但是，面对外来的先进文化，不能照搬照抄，必须保持本民族文化的主体性，否则就会丧失民族生存的根基。

二、传统文化

（一）传统文化的概念和内涵

十八大以来，习近平总书记将中华传统文化提升到崭新的高度，赋予其时代内涵，使之成为我国文化建设和文化研究的重要议题。但长久以来，该领域的成果和观点分歧不断，究其原因，是"传统文化"这一概念以及研究对象难以界定。纵观国际和国内研究，都没有形成对"传统文化"的官方定义，因此厘清传统文化的内涵和特点是首要解决的问题。人类学家泰勒在《文化的起源》一书中阐释，文化是包括知识、信仰、艺术、道德、习俗在内的，"人作为社会成员所获得的任何其他能力和习惯"；而传统则是历史发展继承性的表现，具有民族性和阶级性。

因此，如果忽略历史性和继承性，传统文化的概念和内涵就无从谈起，词条工具书和常规观念中对"传统文化"的解释大同小异，基本可以概括为一种在历史演化过程中继承和积淀的、能够反映民族特质的总体表征，其外延包括一切物质的、制度的、精神的文化实体和文化意识。"传统文化"是相对于"现代文化"或"外来文化"的概念。

国际上关于"传统文化"的提法较少，比较明确的是联合国教科文组织于1989年通过的《保护传统文化和民俗的建议》，其中提及：民俗和传统的大众文化是文化团体基于传统创造的全部，通过群体或个人表达出来；其标准和价值是通过模仿或其他方式口头流传的，其形式包括语言、文学、音乐、舞蹈、游戏、仪式、手工艺品、建筑及其他艺术。而与之类似的其他概念，如"传统知识""非物质文化遗产"分别来自世界知识产权组织（WIPO）和联合国教科文组织（UNESCO）的官方解释，这些定义基于不同的侧重点和目的，但基本特征都包括民族性、历史性、继承性和创造性。

"传统知识"是指传统的或基于传统的文学、艺术和科学作品、表演、发明、科学发现、外观设计、商标、商号及标记、未公开的信，以及其他一切来自工业、科学、文学艺术领域的智力活动所产生的、基于传统的革新和创造。

"非物质文化遗产"是指被各社区、群体、个人视为其文化遗产组成部分的

各种社会实践、观念表述、知识、技能以及相关的工具、实物、手工艺品和文化场所，主要包括以下内容：口头传统，包括作为无形文化遗产媒介的语言；表演艺术；社会实践、仪式礼仪、节日庆典；有关自然界和宇宙的知识和实践；传统的手工艺技能。

改革开放以后，我国对传统文化的态度趋于冷静，对传统文化传承问题的处理也更加成熟，不少学者开始尝试论述中华传统文化的内涵，以明晰研究思路和惯例。李宗桂认为，根据文化学家关于文化结构的见解，中国文化应该分为物质文化、制度文化和思想文化等层次，是一个有机整体，源远流长，博大精深，其间，思想文化是其核心，反映着中国文化最为本质的特征，是中国文化的气象所在、精神所在，中国传统文化是中国文化的一部分，是中华民族在数千年发展过程中创造的、不断发展的、打上自身烙印的文化。窦坤、刘新科则从"传统"的小概念出发，强调传统文化不仅具有历史意义，而且具有超越历史的意义，是中华民族在特定的地理环境、政治结构、经济形势、意识形态的作用下，世代积累形成的，并为大多数人所认同的中国古代文化。汤一介从"崇尚自然""体征生生""德性实践"三个层面阐述中华传统文化的价值，即追求普遍和谐，重视人的精神。尤其值得注意的是，自中共十六大以来，党的文献反复提及"传统文化""中华文化""中国传统文化"等概念，"传统文化"目前具备一定的政治理论和国家战略高度，"根植中华优秀传统文化"已经成为马克思主义中国化的重要维度。而中华优秀传统文化特指传统文化中的优秀部分，一般情况下，"中国文化""中华文化""传统文化"与"中华优秀传统文化"不做特别区分，其概念均作为褒义出现。

综上所述，把握"传统文化"的内涵需要注意以下几点。

①传统文化是在传统或世代相传的条件下产生、保存与发展的，由民族在历史演化的过程中不间断地继承与积淀，具备历史性，也具备跨越历史、超越历史的意义，来自过去，但在现代社会仍有生命力和价值的民族文化。

②传统文化能够反映民族的总体表征，与传承和保存该文化体系的民族或本地社区有着特殊联系，且被大多数人民认同和认可。

③传统文化形式广泛，包括思想、语言、文字、美食、建筑、神话、民俗、文学作品、传统节日、手工技艺、礼仪仪式、音乐舞蹈等，可以是物质形态，也可以是非物质形态。

④传统文化是与"现代文化"和"外来文化"的相对概念，涉及爱国主义和身份认同的问题，因此其情感倾向常常是正面的、褒义的。它的战略高度是在现

代文明、国际竞争中产生的，因此讨论传统文化不能脱离经济全球化的背景，也不能偏离中国社会的实际情况和未来规划。

(二) 传统文化的基本特征

1. 伦理性

中华文化自古就以伦理道德为核心价值取向，重视社会伦理道德的构建，注重个人伦理道德规范的养成。儒家思想作为中华传统文化的核心，在人们日常生活中把仁、义、礼、信、孝等思想作为修德的具体要求和标准，其显著特征是把以德育人放在突出位置，强调德育在人们接受教育过程中的重要地位。孔子提出的"行有余力，则以学文"，可看出他重视人的道德修养，将修德放在第一位，强调修德对人自身发展的重要性。儒家学者不断继承和发展孔子的德育思想，并将道德教育提升到治理国家、治理社会层面，强调道德教育对治理国家的重要作用，促使这种道德教育思想逐步理论化、系统化、完善化，推动中华民族向前发展。中华传统文化继承了传统文化中的积极因子，在对人的教化中强调道德教育与德行培养，重视完善道德品质，提高精神境界，实现人生价值等。我国建立的社会主义核心价值体系，以中华民族传统美德为核心，重视个人、社会、国家三者之间的关系，聚焦解决实际和民生问题，具有浓厚的人学伦理色彩。

2. 包容性

中华传统文化之所以具有绵延不绝的强劲生命力，并在历史发展过程中从未间断、生生不息，与其自身具有的包容性、开放性的特征密切相关。中华传统文化的包容性主要表现在以儒家为代表的开放多元的文化理念，"君子和而不同""天时不如地利，地利不如人和"等思想，都集中体现了儒家开放多元的文化理念。开放多元的文化理念，使儒学思想集大成，不断发展壮大绵延至今，仍对当今社会有着深刻影响。正是因它具有开放包容的特征，才能促使中华文化发展中涌现出百家争鸣的蓬勃景象以及儒家、道家、法家等各类文化并行发展的繁荣局面，并包容了中原文化、荆楚文化、巴蜀文化等不同的地域文化。

此外，中华传统文化在发展过程中，始终对外来文化敞开大门，秉承开放包容的态度自觉吸收佛教等外来文化，坚持以我为主、为我所用的原则，取长补短、兼收并蓄。同时在保持自身优势和主导地位基础上，主动吸纳外来文化的优秀成果，与自身文化融会贯通，不断丰富和发展自身的文化内涵及体系，赋予中华文化蓬勃的生命力，成为培育与涵养本民族精神的优秀文化。

3. 革新性

中华传统文化在人类历史上经历千年坎坷始终未曾断绝而延续至今，展现了中华文化强劲的生命力和自我革新的能力。中华传统文化在社会变化和发展中，通过主动吸收时代优秀元素，丰富提升自身内容，不断实现自我更新、自我完善，以适应时代和社会发展的需要。从古代文明的探究阶段，到当代文化的实践过程，中华传统文化随着历史更替逐步革新和发展，是其更新、进步、焕发新生的过程。中华传统文化的发展过程是一个不断变革与转化的过程，其所具有的强烈自我革新精神，正是创新发展我国高校思想政治教育工作的强大动力。

4. 民族性

民族性是中华传统文化区别于其他文化的最本质特征，它反映了一个国家独特的精神气质与审美情趣，也是展示民族形象的重要名片。例如，谈及《西游记》《红楼梦》，便很容易联想到中华传统文学；谈及京剧、豫剧及变脸等艺术，便很容易联想到中华传统戏曲艺术；谈及四合院、胡同，便自然让人联想到中华传统建筑，这些都是传统文化民族性所自带的神奇功能。突出并强调传统文化的民族性归根结底是为了挖掘本国的精神宝藏、传达中国力量。

5. 传承性

中华传统文化的传承性是指中华传统文化是一代又一代中华儿女用智慧凝聚而成的，这并非一个一蹴而就、毫不费力的过程，而是历经时间的淬炼保留下的珍贵遗产。历史上从不缺文明的创造者，然而并非所有的文明都能跨越历史的长河深刻影响一代又一代的人。正是中华传统文化的传承性，才有了传统思想、传统文学、传统习俗等文化的百花齐放，才使中华民族有了在世界民族之林中始终保有本民族自身特色的筹码。

（三）传统文化的表现形式

中国传统文化博大精深，经过数千年的洗礼，展现出独特的艺术魅力，是我国古代劳动人民集体智慧的结晶，具有良好的传承性。其表现形式多样，题材丰富，风格各异，蕴含着深厚的文化内涵，具有很高的艺术价值和学术价值。中国传统文化可以被概括为物化的存在形式，这种物化形式包括物质形态方面的和非物质形态方面的。物质形态元素具有可见性，看得见，摸得着，容易被周围环境改变。但是，非物质形态元素不好改变，因为非物质文化形态元素本身带有浓厚的文化传承的特点，往往是思想、宗教、哲学、文学等精神方面的非物质形态元素。随着我国科技的进步和经济的快速发展，文化、文学、哲学宗教等精神方面的知识越来越重要，非物质形态也越来越重要。中国传统文化表现形式如表 1-1 所示。

表 1–1　中国传统文化表现形式

中国传统文化	非物质形态	中国传统哲学	儒家思想、道家思想、墨家思想、法家思想等
		中国传统宗教	佛教、道教、伊斯兰教等
		中国传统文学	唐诗宋词、小说、戏曲散文等
	物质形态	建筑及景观元素	宫殿、寺庙、古塔、民居、牌坊、亭、台、楼、阁、园林等
		生活器物	彩陶、瓷器、紫砂、红灯笼、桃花扇、青铜器等
		图案纹样	龙凤纹样（饕餮纹、如意纹、雷文、回纹、巴纹）、祥云图案、吉祥图案等
中国传统文化	物质形态	民俗	皮影、剪纸、京戏脸谱、年画、对联、门神、鞭炮、饺子、舞狮、武术等
		手工艺	玉雕、刺绣、木刻年画等
		书法与绘画元素	国画（工笔、写意、花鸟、人物、山水）、敦煌壁画、篆刻印章、甲骨文等
		服饰元素	汉服、唐装、旗袍等
		中国色彩	中国红、妃红、月白、雪青、海棠红等
		其他元素	梅、兰、竹、菊等

（四）传统文化的主要内容

中华传统文化基本包括哲学思想、人文精神、道德理念三个方面的内容。就特征来看，中华传统文化重人伦道德、讲经世致用、求贵和尚中。

1. 哲学思想

一般来说，哲学是一种文化的核心。以下主要从哲学的基本问题，即世界观、价值观、思维方式对中国传统哲学中的精华进行阐述。在世界观上，中国传统哲学有着区别于宗教神学的唯物主义传统。从天地万物的起源来看，古代哲人对何为万物始源问题的回答虽名称不同，但均是物质的形态。如道家认为"道"乃万物之始，认为"道"是独立世间的客观存在，是构成天地万物共同本质的东西。宋明理学家中，张载、王夫之认为"气"是物质的本原，"气"即使脱离了

人的身体，也是在世界上存活着的。此外，还有"太极""五行"生成万物说等，都认为我们生活的世界是以物态的形式存在的。在世界处于何种状态的问题上，中国传统哲学认为世界总是处于变动中。如庄子认为，物质的产生，或急或缓，总处于变化中。总的来说，中国哲学对于世界的认识虽然还是朴素的、直观的，但与宗教神学中认为神创造万物的世界观来说无疑是一种进步的思想，在唯物主义哲学的发展过程中也起着重要作用。

在价值观上，儒家主张道德至上论，以"崇德重义"为价值观念，其最高的价值标准是"和谐"，即充分发挥道德的作用来达到人、己、物、我的和谐。在先秦儒家的价值观里，在强调重德、重义的同时也会给予利与力一定的地位，但是在后来的发展中，越来越认为有义、有德时，容不得利和力的存在，形成重义轻利、崇德贱力的片面看法。而法家崇尚竞争，讲究法治，彻底否定道德的价值，其价值学说与儒家完全对立。墨家的价值观念比较全面，认为义与利、力与德相统一，但在论述时是站在小生产者的立场上，因而其学说也有偏颇之处。自汉武帝上台后，在所有思想观念中起支配地位的是儒家理念，从而更加强调义与德的重要性。在今天，继承中国传统哲学中的价值观，应做理性的分析，吸取各家的精华，只有站在马克思主义的立场上，将义与利、力与德相统一，将追求和谐理念与发扬斗争精神相协调，才能形成正确的价值观。

在思维方式上，中国传统哲学"重和谐、重整体、重直觉、重关系、重实用"。重和谐指追求世间万物和平相处。重整体强调从大局去看待世间万物。重直觉有体道、尽心、体物三种方式。老庄主张直接感觉客观万物本原的道，带有神秘主义色彩，而孟子、程颢、陆九渊是反求于内心，强调自省的作用。程颐、朱熹主张"即物而穷其理"的方法，即通过对事物的观察、辨析，来达到顿悟式的直觉。重关系是指世间万物是普遍联系、相互作用的。重实用是指中国古代哲学家研究的问题都与现实生活有关，注重实用性。在中国传统哲学这几大思考方法的影响下，中国古代社会实现了长期的稳定发展，在农业、医学等应用科学上取得了显著的成就，这五大思维方式对于今天建设和谐社会、加强顶层设计以及推动科学技术发展具有一定的意义。但在另一方面，中国传统思维方式也存在忽视矛盾斗争性、缺少理论体系构建和逻辑论证推理的缺陷。由此可见，中国传统思维方式也包含一定的局限性，我们应客观看待其优缺点，取其合理内核。

2. 人文精神

人文精神是人类对自己的深刻关切，我国古代思想中包含着深厚的人文精神，主要体现在对人的地位、作用的肯定以及对人的理想人格塑造之上。在人的地位上，儒家认为在四方宇宙中，人处于最高位置，从而将人定位为国之根本。如荀子将人与水火、草木、动物进行对比，认为在六合天地间，人具有特殊的作用，是最为可贵的。道家中老子也肯定人的地位，他说："道大、天大、地大、人亦大。"这就将天、地、人三者联系起来，把人看作自然系统中不可或缺的要素。

在人的作用上，人具有主观能动性，能够"赞天地之化育"，与天地"相参"。虽然古人有"敬畏上天"的精神信仰，但对天并不是盲目迷信，而是顺应自然为人类所用。荀子所说的"制天命而用之"就是这个意思。另外，由于人是天地化生的最高物种，能够以诚充分实现自己的天性，进而帮助万物淋漓尽致地展现禀赋，从而自立于天地之间。

在对人的理想人格塑造上，君子品格是古代世人都向往拥有的。"礼乐政刑"是塑造理想人格的主要方法。何谓君子？《礼记·曲礼》曾说："博闻强识而让，敦善行而不殆，谓之君子。"何谓"礼乐政刑"？"礼"以"仁"为内涵，是"仁"的外在呈现方式，主要通过对自我的约束来提升自己的道德涵养。"以礼立人"首先需要以经学典籍的形式告诉人们应当怎样做，《周礼》《礼记》《仪礼》三部典籍记录了人们日常的行为规范以及婚丧嫁娶等礼仪步骤。

"乐者，天地之和也。"儒家认为音乐有促进自然、人心、社会之和的功能。如《尚书·舜典》所说的："八音克谐，无相夺伦，神人以和。"出神入化的音乐旋律美妙无限，自然可以与天地自然相通，教化人心进而促进社会和谐。而"政"侧重于治国理政方面，强调为政者的榜样作用。但人性也有恶的一面，只靠前三者远远不够，"刑"就是惩恶扬善的重要手段。"刑"不仅指的是刑罚，也指法制教化。

法家是主张刑罚与法治的代表，如韩非子认为品德是难以平天下的，只有威严和权势可以禁止暴乱。儒家也融合了法家的思想，将德与法相统一。中华传统文化就是通过"礼乐政刑"的方式，教化百姓，培养泰而不骄、和而不同、贞而不谅的君子人格。

3.道德理念

"道德"指"道"的品性。"道德"不仅存在于大自然中，人类社会也应遵从"道德"，人类社会中的"道德"表现为遵守原则。

中国传统道德理念名目繁多、内涵丰富。经历了商代"六德"、先秦儒家"四德"、汉代"五常"、宋元"八德"的发展，现当代学者从忠、孝、和等13个方面总结出中国传统道德的核心理念。其中，"仁"是儒家思想最核心的范畴，

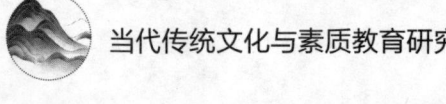

儒家的"仁"体现了对生命的尊重和关怀。"义者，宜也"，指适宜、合宜、恰到好处。儒家对"义"的解释主要集中在道德层面，提倡"见利思义""舍生取义"，其顺承于天应民之急，体现了古人对公平、正义的追求。"忠，敬也，尽心曰忠。"先秦儒家提倡的忠是以维护国家、民族利益为前提的忠，但在发展的过程中出现了"愚忠"的行为。在今天，继承发展忠的思想，应摒弃其封建落后的一面，将其积极意义与爱国、爱民联系起来，坚定人们的爱国主义之情。"信"常表示诚信，包括"以信立身"和"以信待人"两大方面，"以信立身"是指诚于自己的内心，是自我修养的完善；"以信待人"是指对待他人要言出必行。这些优秀的道德理念虽历史悠久，但仍流淌在中国人的血液中，其合理部分对于提升个人品德、促进社会和谐仍发挥着重要作用。

第二节 传统文化产生的根基

一、传统文化产生的地理环境基础

中国传统文化产生和发展的地理环境是指中国进入文明社会以来的整个历史时期的地理环境，即历史地理环境。地理环境包括自然地理环境和人文地理环境，人文地理环境又分为经济地理环境和社会文化地理环境。一般来说，自然地理环境，如气候、地形、地貌、水文、植被、海陆分布等，其发展变化的速度比较缓慢。而人文地理环境，如疆域、政区、民族、人口、城市、交通、农业、牧业等，其发展变化的速度要快得多。

地理环境对中国传统文化的形成与发展具有较大的影响和作用。不同的地理环境条件，造就了人们不同的生活方式；不同的生活方式产生了独特的文化，并在不断变化着。我们的生活离不开土地，因为土地是人们赖以生存的基础。文化是在物质基础上出现的，所以地理环境对中国传统文化的发展有直接的影响。在中国历史上，地理环境在中国文化形成中的作用主要体现在以下两个方面。

①有利的地理环境因素为中国传统文化奠定了一定的基础。中国国土面积比较大，大部分地区处于北温带，少部分地区处于热带。我国的地理位置比较好，适合农耕等农事活动，有利于人们聚居繁衍生息。大部分地区处于中纬度，气候温和，下半年雨热同季，温度和水分条件配合良好，为发展农业提供了适宜的条件。中国的黄河流域、长江流域、辽河流域、东南和西南崇山峻岭间适合人类生

存的地域约有500多万平方公里，尤其是黄河流域、长江流域的中下游地区更适合人类生活、生产，因而成为中华文明的发祥地和中国人民繁衍生息的区域。

农业在中国有着极其悠久的历史和相当辽阔的地域，最早在黄河中下游地区由于河流冲击而形成的冲积平原，人们聚居在这里进行农耕劳作，便形成了农业区。随着人们不断地聚居在黄河流域的平原地带，耕作的面积不断扩大，中国传统文化便悄悄萌生。由于不少地区迁入的人口众多，他们带来的文化就成了迁入地的主体文化被保留并传承下来。

②中国传统文化的多样性得益于中国多样性的地理环境。中国传统文化的滋生地疆域广阔，腹里纵深，拥有气候、土壤、动植物群落差异显著的地理生态格局，必然使文化形态具有丰富多元特性，每一个区域的文化都明显带有该区域的地理生态特色。不同特质的文化又构成了不同的文化形态，如黄河流域的秦文化、三晋文化、齐鲁文化与长江流域的楚文化、吴越文化之间就存在着较大的差异，而东部温暖湿润地区的农耕文化与干燥的西北部地区的游牧文化更是大相径庭。人们长期生活在不同的文化氛围之中，自然要接受其教化，因此他们的心理、性格、行为也必然带有该类型文化的特征。

数千年间，中国王朝有规律地经历了多次迁徙，大体上是自东向西，之后又由西北向东南，最后到元、明、清时期集中在北方，先后形成了闻名于世的七大古都，即安阳、西安、洛阳、开封、南京、杭州、北京。中国这一历史现象有别于其他大多数古老国家，那些国家的都城都较为稳定甚至单一，如埃及的开罗、古罗马（现意大利）的罗马、印度的新德里、英国的伦敦、法国的巴黎等。中国的都城之所以不固定，与经济重心的开拓及民族的融合有关。在数千年辗转迁徙的过程中，汉民族文化不断吸收各兄弟民族的优秀文化，使中华民族的文化走向了一体化，进而成为博大精深的中国传统文化，并以其独特的魅力自立于世界东方，影响远播世界各地。

二、传统文化产生的社会经济基础

以农耕经济为主体的中国农业自然经济时间最为持久，灿烂悠久的古代文化正是根植于这一经济土壤之中的。在数千年的文化发展中，农业自然经济对民族心理、思维方式、意识形态等起到了以下三个方面的重要作用。

①农耕经济的延续性造就了中国传统文化的延续力。中国是一个有数千年历史的文明古国，农耕经济的持续性是中国传统自然经济的显著特点之一。传统农业的持续发展保证了中华文明的绵延不断，使其具有极大的承受力、愈合力和

凝聚力。在漫长的历史进程中，朝代的更迭有如潮起潮落，我们不能回避的是，国家也会面临短期的分裂局面，特别是游牧民族不断地入侵中原并建立自己的政权。即使这样，中国的农耕经济仍然没有停止前进的步伐，而建立在这一基础上的中华文明亦未曾中断。相反，短期的战乱与分裂更增进了中国传统文化的坚韧性和向心力。魏晋南北朝是"五胡乱华"的动荡时代，恰恰也是中国农耕文化得到进一步发展的重要时期；辽夏金元是中国历史上又一个较为动荡的时期，但文化的传承一如既往；清朝也是如此，满洲贵族入主中原不久，便已"习汉书、入汉俗，渐忘我满洲旧制"（《清世祖实录》）。因此在各民族的共同努力下，中国传统文化得到了进一步的继承和发展。中国传统文化正是这样伴随着农耕经济的而不断发展，并且历经动乱与分裂的洗礼而不断得到充实升华，这种文化传统是任何外来势力都无法割断的。

然而，中国传统文化的早期定型往往也使人们产生一种"瞻后"式的思维方式，所谓"圣人设教，为万世不易之法"，尽善尽美的制度和礼教存在于远古的三皇五帝之中，后世的治平之道便是"克绳其法"，偶有一些枝节的改革，也大多是"托古更化"。这种文化思维模式，一方面为中国传统文化的长期延续和增进向心力起到了积极的作用，另一方面也在不知不觉中积累着文化的守旧性格。这样，到了封建社会后期，中国传统文化便显得暮气沉沉，缺乏积极进取的冲劲。

②农耕经济的多元结构造就了中国传统文化的包容性。中国是一个幅员辽阔的国家，各地的自然条件千差万别，社会、政治、文化诸方面的发展水平也有很多差异，因此，古代中国形成了不同的区域文化格局，如齐鲁文化、楚文化、吴越文化、三晋文化、秦文化等。这种不同的区域文化格局也导致了中国传统文化的多元结构。然而随着中国农耕经济向周边扩展，中国文化的包容性又促使这些区域文化相辅相成、渐趋合一。中国传统文化由于包容百家学说和不同地区的文化精华变得日臻博大，而且还长期吸纳周边少数民族的优秀文明，使之交相辉映，增添异彩。汉代北方民族的器用杂物、乐器歌舞，"京都贵戚皆竞为之"（司马彪《续汉书·五行志》）；魏晋南北朝是中华各民族大融合的时期，充满生机的北方民族精神为中原农耕文化注入了活力；盛唐是中国最为开放的时代，将中国传统文化的包容性发挥得淋漓尽致，胡汉文化相互融合，促使中国传统文化更加丰富多彩、生机勃勃。即使对外域文化，中华民族亦能敞开博大的胸怀，扬弃吸收。佛教自汉代传进中国以来，经魏晋南北朝的发展，至隋唐时期出现了一个高潮，中国固有的儒、道、玄等文化与外来的佛教文化汇通交融，获得新的营养，从而走上了一个更高的层次；明末清初时期，西方的传教士东来，带来了西

方文明，当时许多有识之士抱着"并蓄兼收"的态度主张学习他们传进来的科学技术，对社会生产力的发展起到了一定的积极作用。近代以来，面对西方列强的欺凌压迫，大批热血的知识分子仍然不忘吸收西方文化，"师夷长技以制夷"。这种文化开放心态，正是中国传统文化有容乃大的包容性的表现。

③农耕经济的早熟造就了中国传统文化的凝重性。农耕经济的多元成分结构促使中国封建社会经济得到了充分的发展，造就了灿烂辉煌的中国古代文化。但是，中国农耕经济的早熟却又造成了中国传统文化的早熟性。早在先秦，我国已有"敬德保民""民为邦本"的思想。以孔孟为代表的儒家学说，以"仁"为核心，强调人与人在道德上的平等，所谓"人皆可以为尧舜""民为贵，社稷次之，君为轻，是故得乎丘民而为天子"（《孟子·尽心下》）。这种民本意识曾受到西欧启蒙思想家的高度赞赏，但是在中国却得不到正常的发展。由此而派生的人人平等思想，一方面成为农民反抗压迫的思想武器，另一方面又加剧了中国历史稳定与动乱的恶性循环。

中国农耕经济和中国传统文化的早熟性，与中国社会的多元结构相互配合，增强了传统社会的坚韧性。随着中国封建社会的发展，中国传统文化日益显露出凝重的保守性格。宋元以后，中国传统文化的开放性和包容性较之汉唐已有明显的衰退。近现代以来，中国人前赴后继、卧薪尝胆、开放改革，使中国传统文化重新获得了生命活力。

三、传统文化产生的社会政治结构基础

一个民族的文化的发展，除了受到特定的地理环境、经济状况和外来因素的制约外，社会政治结构对其的影响也是至关重要的。从世界几个主要文明古国的发展史来看，中国古代的社会政治结构至少有以下两个特点：第一，以血缘关系为纽带的宗法制度完备而系统；第二，专制主义严密。在漫长的历史中，中国一脉相承的专制制度和带有某种血缘温情的宗法制度相结合，形成了一种"家国同构"的社会政治结构。中国传统社会政治结构对中国传统文化的影响有以下三点。第一，社会结构的宗法型特征导致中国传统文化形成伦理型范式，其正面价值是使中华民族凝聚力增强，注重道德修养，成为礼仪之邦；其负面影响是使三纲五常的伦理说教，成为中国传统文化健康发展的障碍。第二，传统的社会结构特征导致中国传统文化形成中心化范式，其正面价值是造就了中华民族的整体观念、国家利益至上的观念和民族心理上的文化认同；其负面价值是使有些人产生对权威和权力的迷信，缺乏个人自信心。第三，宗法与专制相结合，在政治上表现为

儒法合流，在文化上反映为伦理政治化和政治伦理化，突出地表现为"内圣外王"的心态，即修身、齐家、治国、平天下的人生理想和追求。

第三节　传统文化的历史演变

中华传统文化不是一潭死水、一成不变的，而是变与不变的统一。其变化的一面体现在中华传统文化总能以开放包容、兼收并蓄的特质因时而变、开拓创新。这种创新的特质不仅发生在中国古代，同时也延续至中国近现代乃至中国当代。

一、传统文化的古代发展

我们的祖先十分擅长以史为镜、以古开新。用新的时代内涵重新阐释传统，从而使其高出原本的水平，这是我们祖先向来坚持的。从中国文化发展的历程来看，在中国古代，中华传统文化经历了两次高潮阶段，分别是西周—春秋战国—两汉阶段、隋唐—两宋阶段。文化高潮往往是由文化创新推动形成的，这两个阶段的文化发展是中华传统文化创新的范例。

在西周—春秋战国—两汉这一阶段中，西周在总结殷商灭亡经验的基础上，提出了新的天命观。另外，在礼乐制度上，周公完成了礼乐制度建设，规范了社会行为，建立起了道德文化体系，使"德""孝"等重要道德观念产生。春秋战国时期，诸子百家面对严重的社会危机先后提出自己的政治主张。中国历史上文化繁荣的景象甚多，最早就出现在这一时期。这一时期是中华文明的思想摇篮，同时也是人类文明轴心期的杰出代表。两汉时期，两汉政府极力改造先秦儒学，使之成为国家的意识形态，最具代表性的是董仲舒融合了阴阳五行家的思想，对以往的学说进行了变革和发展。在天人观上，董仲舒以阴阳五行为纽带，认为天与人均有阴阳。在道德伦理方面，董仲舒提出"三纲五常"思想。另外，董仲舒也在人性论上分别对荀子和孟子的思想进行扬弃，认为人有善有恶，要通过德刑兼备的方式来维护大一统的局面。虽然董仲舒的理论体系仍存在局限性，但总的来说，他对先秦儒学的改造是成功的，将先秦儒学提高到新的理论层次。

在隋唐——两宋阶段，隋唐文化开放包容，繁荣壮美。在佛教文化上，国人运用"格义"的办法将其与中国社会相适应，实现了佛教的本土化。在文学艺术上，隋唐文化也高度繁荣，诗歌、绘画、音乐、舞蹈、雕塑等都得到快速发展，产生了大量的诗人和其它艺术家。两宋时期的文化发展代表着中国传统文化达到了成熟阶段，在我国整个文化长河中达到了极致。其中，宋明理学扬弃继承了先秦儒学，在中国哲学史上具有高屋建瓴的作用。之所以这样说，是因为宋明理学相对于先秦汉唐儒学，更加注重从形而上、本体论的角度去讨论，创造性地超越了原始儒学。从天道观上看，宋明理学形成了系统的宇宙本体论，继而又在此基础上将其理论引入人类社会，这将伦理纲常进行了本体论的升华，成为人们遵循的理论依据，同时也弘扬了主体的能动性，以此增强了士人对儒学的认同，对于缺少心性讨论的原始儒学是一大补充和发展。除此之外，两宋时期的文学艺术、科学技术也得到了极大的发展。

二、传统文化的近现代转型

鸦片战争之后，中华传统文化在西方文化的冲击以及中国内部矛盾激化的背景下逐渐解体。而解体并不是意味着中华传统文化就此中断，而是走上了近现代转型的艰难道路。针对如何进行近现代转型的问题，张岱年先生列出了四种观点。其中第四种观点，即"主张发扬民族的主体精神，综合中西文化之长，创造新的中国文化"，这一观点被历史证明是正确的，也只有这一方向能够唤醒传统文化的生命力。中国共产党人就是这第四种观点的提出和发展者，他们的努力为复兴我国古代文化指明了道路。

中国共产党的传统文化观是要以辩证的眼光看待中西方文化，经毛泽东提出的"民族的科学的大众的文化"而达到成熟。此后中国共产党人在保持基本原则一致的基础上，根据时代的变化对中华传统文化不断补充和发展。

毛泽东认真分析每一种观点，在综合分析的基础上做了全面的概括，同时以马克思主义为指导，形成了对待古代思想遗产的客观态度。在态度上，他主张用唯物辩证的方法来看待古代思想遗产。在更新创造上，毛泽东结合马克思主义理论，对古代许多观念思想都进行了进一步深化，做了全新的解释。如在毛泽东在著名哲学著作《实践论》中将中国古代朴素、笼统的"知行合一观"发展为辩证、系统的观念。

另外，在辩证法上，中国传统哲学中虽然也承认矛盾，却强调矛盾的和谐、同一性，忽视斗争性。而毛泽东认为，对立的两个事物，除了会和对方紧密相依，还会出现冲突，这就是斗争性的一面。毛泽东的观点为我国古代思想注入了客观理性的性质。

邓小平在改革开放新时期继承发展了毛泽东的传统文化观。在如何对待传统文化的问题上，邓小平进一步提出"钻研""吸收""融化""发展"的八字方针，指明了新时期对待传统文化的新要求。在对传统文化的创新上，邓小平勇于进行改革的思想正反映了我国古代思想文化中"革故鼎新"的创新、变革精神，"实践是检验真理的唯一标准"正是对古代"知行观"、毛泽东"实事求是"思想的继承与发展，对"小康社会"的勾勒也正是邓小平对中国古代理想社会所做的新的阐释。江泽民、胡锦涛在坚持毛泽东、邓小平对待传统文化的正确原则的基础上，结合国内外形势，提出中国共产党始终代表先进文化的理念以及建设与中华传统文化相承接的和谐文化理念等。

三、传统文化的当代创新

十九大以来，党中央高度重视发掘古代思想遗产的价值，提出了一系列关于文化的政策方针，为其在新时代的永续发展指明了方向。除此之外，习近平总书记还从多个方面进行了创造性阐释。

在价值观上，社会主义核心价值观就是创新转化的范例。其中，国家层面的价值目标与传统文化中"家国一统""民为邦本""人文化成"的思想有着契合的地方。社会层面的理想追求就是对中国传统"天人合一"的自然观、"贵和尚中"的思维方式的吸收和发展。个人层面的行为准则在一定程度上借鉴了中国传统观念中"精忠报国""敬业乐群""言而有信"以及"仁者爱人"的道德思想。

在生态文明建设上，习近平总书记所提出的"生态兴则文明兴，生态衰则文明衰"等一系列生态文明建设理念就是对中国传统"天人合一"思想的继承与发展。在国际交往方面，构建人类命运共同体的重要战略思想，就是基于传统文化中"贵和尚中"思想，提出的适合新型国际关系的中国理念。

综上所述，无论是在古代、近现代，还是在当代，中华传统文化始终是"活"的文化。面对时代的变迁，它能够因时而变，适应时代要求；面对民族文化差异，它能够以其强大的包容性学习先进之处，完善自身。虽然中间历经论争，也走了许多弯路，但总趋势始终是向前的。历史证明，只有不断更新，只有坚持中国共产党人正确科学的传统文化观，才能保持我国古代思想文化蓬勃的生命力。因而，传承发展我国传统的思想文化是必要的也是符合历史趋势的。在新时代，必须牢牢把握"两创"方针，实现其"内在超越"。

第四节　传统文化对世界的影响

一、传统文化的传播价值

拉斯韦尔曾于1948年提出大众传播的三个功能，其中强调了大众传媒的文化传承功能，即传统的社会文化通过大众传播得以传承。也就是说，传统文化的传承可以依靠媒介的传播功能来实现，而当前传统文化的传播媒介在传播过程中呈现出提升受众对于传统文化的认知，帮助受众构建传统文化认同和促进多元文化传播的价值。

（一）提升传统文化认知

媒介是一个多义的话语场域，一方面，它是意识形态总体性规范的载体；另一方面，作为美学的艺术生产，其美学品格诉求中又蕴含着规避意识形态的动力与可能性。在当前的媒介传播中，受众通过纸媒、电视和新媒体等媒介形式接收各类传统文化信息。而当前新媒体传播的门槛降低，人人都可以成为传播者，这意味着传统文化的受众变得更加多元。对于新媒体来说，它可以成为受众进行传统文化信息交流的平台，也可以成为各类传统文化产品的共享空间，更可以是各类传统文化信息的汇集地。受众足不出户，仅通过一部手机就可以了解各类文化信息，并实现在线互动。

在当前的大众传播时代，尤其在报纸、广播、电视和互联网搭建的媒介化生存空间中，传统文化与媒介有了更多的互动可能性。而知识化是当前传统文化在大众传播中采取的策略之一。媒介作为受众认知事物的一种形式，传播着大量的常识性知识，如中国文学名著、神话传说、民间风俗、传统节日、传统诗词等，已经在民间取得了认知基础。电视等现代媒体对这些内容进一步进行梳理，将其生动地呈现于大众面前，例如《故宫》《国宝档案》等电视专题片，受众不仅能够从中感知中国传统文化独特的意境、气韵等艺术精神，而且也能够了解"天干地支""二十四史"、各类国宝的由来及发展等常识性知识。

（二）促进多元文化传播和发展

在我国互联网技术出现以前，传统文化的传播有一定的局限性，具体表现之一就是传播渠道十分单一。书籍报纸等传统媒体，依靠固定的传播渠道，按照固定的传播流程进行传统文化传播。例如，《中国文化报》仅仅通过发行报纸的形式进行传统文化传播，唐诗宋词等通过印刷书籍的形式进行文化传播，等等。这种单一的传播渠道需要一定的传播成本，并且需要具有传统文化知识的传播者，对接收信息的受众一定的素质要求，使传统文化的广泛传播以及跨文化传播都受到了一定限制。

互联网技术成熟以后，打破了这种单一和固定的传播渠道，传统文化的传播方式逐渐开始向融合性传播转变，唱"独角戏"的现象已不复存在，且"三网融合"为融合性传播做出巨大贡献。书籍和报纸等传统媒体既可以进行纸质印刷，也可以通过互联网进行大范围的传统文化传播，而且图文声像等多媒体手段，使得曾经"阳春白雪"的高雅文化变得更加大众化和通俗易懂，对于受众素养的要求降低，接受传统文化信息的受众也变得更加广泛和多元。

二、传统文化对亚洲的影响

（一）传统文化对朝鲜的影响

"朝鲜"一词最早见于《管子·揆度》，它提到"朝鲜之文皮"，这里的"文皮"指带花纹的虎豹之皮，是古代朝鲜的名贵特产。可知早在管子生活的时代，中国人就对朝鲜半岛有所了解了。据《战国策》《山海经》《史记》等书记载，中朝之间的物质、文化交流的时间可能要更早些。秦汉以后，中国的文物制度、学术思想开始传入朝鲜半岛。

明永隆元年，高句丽和百济被新罗打败，朝鲜半岛统一。在此之际，许多新罗留学生和政府学院纷纷来中国学习，他们回国后依旧按照中国的文物制度，实行全面的社会改革。因此，新罗的文物制度深受中国文治教化的影响。

朝鲜中世的"高丽"王朝时期，其文物制度几乎全部参照中国，此时程朱理学开始在朝鲜半岛传播。李朝时代是朝鲜近世历史中文化昌明时期，其崇儒之风尤盛。此时，程朱理学受到普遍的尊敬，出现了许多硕学名儒。

总之，在传统文化的影响下，朝鲜的古代文明多有中华传统文化的色彩。无论是文物制度、学术思想，还是器用文化、文字风俗，均受到中国的影响。

（二）传统文化对日本的影响

1. 中国文字在日本

文字是文明的火花，是文明产生的基础。汉字传入日本后，带去了中华文明先进的政治、经济、艺术、宗教及生活方式。据《三国志·魏书》记载，早在东汉光武帝时汉字已传入日本。汉字的传入和传播，在日本文化史上具有划时代的意义。汉字传入后，日本创造了属于本国的文字，同时也为日本文学、文化的传承及发展提供了必要条件。

日本的文字分为假名和汉字。假有借之义，借用汉字的音和形，而非汉字之义。假名诞生之初，用来创作和歌及物语，如《古今和歌集》《源氏物语》等。日语的假名包括平假名和片假名。平假名，由汉字草书演化而来，片假名来源于汉字的偏旁部首。片假名是为诵读佛经，经拆解汉字后形成的助词和符号。

在现代日语中，日语词汇分为和语、汉语、外来语和混种语四种。日语汉字的读音有音读和训读之分。音读又分吴音、汉音和唐音三种。汉字是中华文化的载体，是中华文化不可或缺的组成部分，具有能产性和创新性的特点。日本人利用汉字的能产性，创造了自己的国字。国字是日本模仿中国汉字造字法而创造的文字。尤其是明治维新之后，日本积极吸收西方文明，利用汉字的能产性创造了许多汉字词汇，这些词汇又反输入中国，就产生了许多日源新词。日源新词是现代汉语新词中来自日语的借词。从词性上看，借词主要是名词和动词。使用相同的文字——汉字使得汉语从日语中借词极为方便，同时也增加了汉日同形词的数量。

2. 中国儒家文化在日本

（1）儒家文化与大化改新

大化改新中的冠位十二阶和十七条宪法都借鉴了儒家思想，其中三纲五常是十七条宪法的核心思想。政治上，仿照唐朝，废除世袭制度，建立起中央集权官僚制度。经济上，废除贵族私有土地制度。在政治经济方面，实现全面汉化。大化改新时，圣德太子积极学习大陆文化，把孔子尊为圣人。

在日本古代，孔子是学神，人们挂孔子画像，宫廷中的大学寮举行孔子祭。镰仓时代，人们开始学习禅宗，把其当成通往上层阶级的手段。禅宗僧侣向武士传授中庸儒家思想，儒家思想逐渐融入日本，并对日本茶道、花道产生了巨大影响。许多日本名人都尊崇儒学和孔子。如飞鸟时代的圣德太子在正堂挂孔子画像，尊孔子为"孔圣人"，要求学生学习《论语》《周易》《尚书》《左传》等汉学典籍。平安时代的文学家菅原道真，5岁作诗，被后世尊为日本的学问之神。夏目漱石、森鸥外、太宰治、芥川龙之介等文学家的汉诗文造诣都很高。还有在日本有托尔斯泰之称的福泽谕吉，他的学问功底最初源于汉学。福泽谕吉少年时代，汉学在日本广为流行。他的父亲也是一位汉学家，俸禄虽然微薄，却是一位德高望重的汉学者，喜欢收藏中国古书，恰巧在谕吉诞生那天，买到了中国清代的《上谕条例》，于是给新生儿子取名谕吉。福泽谕吉少年时除了《史记》《汉书》《战国策》之外，还读过十一遍《左传》。但是他恩将仇报，曾表示陈腐的汉学影响着日本，西洋文明很难传入日本。福泽谕吉的《脱亚论》，为日本的军国主义提供了精神支持。

（2）儒家文化与明治维新

明治维新时，日本全面西化，引进西方民主思想，儒学一时衰落。但儒学已经在日本根深蒂固，自由民权运动使明治政府受到威胁，开始了复兴儒学之路。文明开化与儒学复古思想斗争的产物是《教育敕语》。《教育敕语》强调"忠孝""十大德行"，它表面上源于儒家，实际上却归于神道思想。经日本改良后，忠孝可以两全，对天皇的忠兼具了对家长的孝，最终使日本走上了军国主义之路。

儒家的核心价值观是"仁、义、礼、智、信"，促进了社会的和谐发展，有利于国家统一、民族团结、经济发展、社会进步，我们要发扬这种传统文化。"天下兼相爱则治，交相恶则乱"，愿更多的国家和人民共享儒家文化的先进思想，共同推进构建人类命运共同体的伟大事业。

三、传统文化对西方的影响

（一）器用技术对西方的影响

公元522年，东罗马派人来中国学习养蚕术，中国的丝绸生产技术开始传入欧洲，而中国的瓷器作为商品传入欧洲则是在明代。这就说明在古代，中国主要是通过这两种商品向西方输出的。

四大发明是中国对人类文明的巨大贡献。造纸术是最古老的发明，约在唐朝中期传入西亚和中亚的伊斯兰教国家，再传入欧洲。纸在欧洲的出现和大量应用，结束了羊皮卷时代，不仅增强了文化信息的存储能力，还加速了传播的过程。印刷术是中国古代又一项古老的发明。毕昇发明的活字印刷术是人类印刷史上一次空前的革命，印刷术传入欧洲，在文化上加速了欧洲的历史进程，成为促进文艺复兴的一把利剑。

中国的火药于13世纪末14世纪初由阿拉伯人传入欧洲。火药在欧洲被应用在军事领域，成为统治者的有力武器。早在战国时期，中国人已经发现了磁石吸铁和指示南北的现象，制成了世界上第一个指南针——司南，在宋代则被应用于航海，大约在1180年，指南针传入欧洲。

总之，四大发明对世界文化发展史的贡献是世界所公认的，中国古代科技起到了开启西方近代文明先河的作用。

（二）文学艺术对西方的影响

中国的各种丝织品、锦绣、陶瓷、漆器等日常品、工艺品传入欧洲，欧洲人不仅注重这些工艺品的实用价值，更注重观赏价值。在很长一段时间内，中国的美术、绘画、丝绸、瓷器等对于欧洲人来说都十分具有观赏价值。

早在18世纪初期，在欧洲就刮起了中国园林风，荷兰、瑞士、意大利、西班牙、法国等国家相继出现了中国样式的园林。这说明中国的园林艺术对于欧洲有重大的影响。中国园林风体现了中华文化的精神，每一个艺术都不仅具有自然美，还具有梦幻多姿的结构特点和完美的布局，中国的园林艺术就是一幅幅优美、含蓄的立体风景画。中国园林引起了欧洲人的浓厚兴趣和强烈好奇心，中国园林艺术在欧洲的传播，对欧洲人的建筑艺术和生活情调产生了一定的影响。

此外，17世纪初，中国的小说、诗歌、戏剧在欧洲也有一定的传播。法国、英国的剧作家曾将中国的小说、戏剧等改成法文搬上舞台，借以宣扬中国的道德精神，并认为中国戏剧具有劝善的价值，完全可与希腊戏剧史诗相媲美。

（三）学术思想对西方的影响

西方传教士把中国的学术思想带回西方。从16世纪开始，中国的学术著作尤其是儒家经典大都被译为拉丁文和法文传入欧洲。与此同时，欧洲出现了注解和研究儒家经典的学术著作。

18世纪是欧洲启蒙运动兴起的时代，这一时期欧洲不少重要思想家，如伏尔泰、孟德斯鸠、卢梭、霍尔巴赫、狄德罗等，都曾对中国文化与中国哲学产生兴趣，都不同程度地受到中国学术思想的影响。

法国重农主义经济学家魁奈，一生热爱中国文化，认为世界上只有中国是以自然规律为基础而达到高度道德理性化的国家，他甚至把中国社会的自然秩序、开明的君主政治、儒家的道德理想当作欧洲社会的目标，故有"欧洲孔子"之

称。中国哲学对于德国近代哲学也有广泛的影响。17世纪末至18世纪初，德国哲学是莱布尼茨的时代，面对当时的欧洲文明中心论，他多次为中国文化辩护。

此后，康德的道德实践哲学和费尔巴哈以人为本主义为根基的"爱"的宗教，都与中国儒家道德在逻辑上相吻合。只是到了黑格尔那里，中国哲学和中国文化受到了近乎粗野的否定。这表明经过启蒙运动的洗礼，欧洲在精神上完全踏上了近代历程。此时，中国文化和学术思想在对西方做出巨大贡献后，渐渐被西方人遗忘，并受到了严峻挑战。

第二章　当代大学生素质教育的现状

大学生素质教育是高校培养全面人才的重要内容与衡量标准。自从我国开始倡导与实施素质教育以来，当代大学生素质教育的实施效果得到了改善与提升，但是仍存在着一系列问题。本章分为大学生素质教育概述、大学生素质教育现状、传统文化融入大学生素质教育的价值三部分。

第一节　大学生素质教育概述

随着马克思主义人的全面发展理论在中国的不断丰富发展，中国共产党人将其与中国教育现状相结合，在继承马克思主义人的全面发展理论的基础上，通过不断地实践与探索，创新性发展了马克思主义人的全面发展理论，并在马克思主义人的全面发展理论的指导下提出了素质教育理念。

一、素质教育概述

（一）素质教育的发展历程

素质教育大致经历了四个发展阶段：萌芽阶段（1983年—1989年）、雏形阶段（1990年—1998年）、发展阶段（1999年—2011年）、成熟阶段（2012年—今），其在不同阶段随着社会的不断发展而渐进式地探索和发展。

1. 素质教育发展的萌芽阶段

自改革开放以来，我国国民经济发展处于百废待兴的关键阶段，对人才的需求极度迫切，在这一时期以"三个面向"为指导思想的素质教育首次提出。1983年，邓小平在北京景山学校首次提出"三个面向"，以此指明了教育发展的道路和方向，为素质教育提供了方向性指引和理论性引导。1985年，在全国教育工作会议上，邓小平指出："我们国家，国力的强弱，经济发展后劲的大小，越来越取决于劳动者的素质，取决于知识分子的数量和质量。"这一论述把人的素质与国家、社会的发展紧密相连，表明了劳动者素质对综合国力的强弱起到重要影响作用。同年5月，党中央颁布了《中共中央关于教育体制改革的决定》，根据"三个面向"的需求，进行以提高民族素质为根本目的的教育制度变革。自此以后，国民素质与国运兴衰、国民素质与教育的关系，在全国范围内产生了关于素质教育的大讨论。1986年4月，六届全国人大四次会议通过了《中华人民共和国义务教育法》，该法明确规定教育应努力提高教育质量，提升全民素质，促使学生全面发展，为社会主义建设培养有理想、有道德、有文化、有纪律的人才奠定坚实的基础。1987年，柳斌于中国教育学会第三次全国代表大会上使用"素质教育"术语，标志着"素质教育"一词的正式提出。他从三个方面进行了对素质教育的阐述：一是素质教育要面对全体学生；二是素质教育要做到促进人的全面发展；三是素质教育要培养学生能够拥有自觉主动去发展的自主性。随后学术界对素质教育理念展开诸多更深入更广泛更全面的热议，进一步细化阐述素质教育的内涵、概念和教育目标等，为素质教育的进一步推行提供了夯实的理论支撑，塑造了优良的改革环境。

2. 素质教育发展的雏形阶段

1990年，于沈阳召开的全国城市教育综合改革实验工作会议上，国家教委决策层领导完整地提出了素质教育的概念，自此素质教育理念得到进一步明确。1993年2月，中共中央、国务院颁布的《中国教育改革和发展纲要》强调素质教育在我国发展中的重要性和紧迫性，并明确指出：由"应试教育"向全面提高国民素质的教育上转轨，要做到面向全体学生，做到促进学生全面发展。这是一个有承上启下作用的纲领性文件，既汲取了前一时期关于应试教育与素质教育讨论的重要理论成果，也绘制了对未来教育改革和发展的宏伟蓝图。1994年8月，《中共中央关于进一步加强和改进学校德育工作的若干意见》明确指出，"增强适应时代发展、社会进步，以及建立社会主义市场经济体制的新要求和迫切需要的素质教育"。这也是首次以政府官方文件的形式提出"素质教育"的人才培养理念，可以说当时素质教育的核心内容即为：培养有理想、有道德、有文化、有纪律的，德智体美全面发展的社会主义事业建设者和接班人。随"素质教育"概念在中央文件中的出现，表明了素质教育已开始成为我国重要的教育政策指导思想，素质教育逐渐形成规范性的完整体系并在全国推进实行。

3. 素质教育发展的发展阶段

随着素质教育在全国范围内的推行实施，素质教育在理论和实践上都取得了极大发展。1999年是素质教育理论发展史上的标志性年份。这年6月,《中共中央、国务院关于深化教育改革,全面发展推进素质教育的决定》,指出要全面推进素质教育实施、提高人的全面素质,并把素质教育作为国家的教育战略提出,从而确立了素质教育的战略地位。2001年,党的十六大明确指出,教育的重要作用,把全面推进素质教育上升到优先发展的战略地位。2006年,第十届全国人大议决《中华人民共和国义务教育法(修订案)》,素质教育正式取得法律地位,进而上升成为国家教育意志。2007年,党的十七大报告提出,优先发展教育、建设人力资源强国,并明确推进实施素质教育,培养全面发展的社会主义可靠的建设者和接班人的要求。2010年中共中央、国务院印发《国家中长期教育改革和发展规划纲要(2010—2020)》指出"全人发展"的教育理念,提出面向全体学生,造就全面发展的高素质人才。

4.素质教育发展的成熟阶段

2012年,党的十八大报告为未来教育指明了方向,明确提出"全面推进素质教育",促进学生全面发展。2017年,《国务院关于印发国家教育事业发展"十三五"规划通知》指出,"把立德树人作为根本任务,全面实施素质教育",要求必须做到与时俱进、革故鼎新的去不断更新教育理念,全面提升人才培养水平。2017年,党的十九大指明,"要全面贯彻党的教育方针,以落实立德树人为根本任务,发展素质教育,推进教育公平,培养德智体美全面发展的社会主义建设者和接班人"。这是首次提出"发展素质教育",是新时期为加快教育现代化进程对素质教育提出的新要求,表明素质教育迈入了新发展阶段。2020年,印发的《深化新时代教育评价改革总体方案》作为新中国第一个教育评价系统改革性文件,对素质教育提出了"五破五立"的新要求,明确指出以立德树人为统领,坚持党的全面领导,把牢社会主义办学方向的具体要求。2021年3月,《中华人民共和国国民经济和社会发展第十四个五年规划和2035远景目标纲要》(下文简称《十四五规划纲要》)在第十三篇"提升国民素质促进人的全面发展"部分,立足新时代提出发展素质教育,要更加注重学生爱国情怀、创新精神和健康人格培养的具体要求。

(二)素质教育的内涵及实质

素质教育最初是源于人们对人的素质与应试教育的关系的思考。从20世纪80年代开始,素质教育的提出与实施不仅是教育领域内的大事件,更是对社会发展有着重大影响的一件大事。

自素质教育提出以来，学术界和教育理论界对素质教育主要有以下三种不同的定义：一是认为素质教育是一种教育思潮，不能把应试作为主要目的，应把育人作为根本尺度来实施素质教育；二是把素质教育看作一种教育模式，认为素质教育应涵盖教育全领域，将其作为我国未来教育的主流模式；三是把素质教育当作我国教育方针具体实施的策略，认为我国的教育方针主张人的全面发展，但由于太过抽象，在具体实施中难以落实，而素质教育恰好可以弥补这一缺陷。但由于素质教育一直处于动态的发展过程中，学术界和教育理论界对素质教育的内涵有着不同的理解，这也为我们提供了更多的视角去理解素质教育的内涵。国家教委在《关于当前积极推进中小学实施素质教育的若干意见》中，阐述素质教育的涵义为："素质教育是以提高民族素质为宗旨的教育……着眼于受教育者及社会长远发展的要求，以面向全体学生、全面提高学生的基本素质为根本宗旨，以注重培养受教育者的态度、能力，促进他们在德、智、体等方面生动、活泼、主动地发展为基本特征的教育。"这是国家提出的具有权威性对"素质教育"的界定。

因此，我们应对素质教育做一个明确的含义界定，素质教育的内涵是在基础学科教育的前提下，以人的发展和社会发展为实际需求，以提高国民综合素质为根本宗旨，以培养人的创新精神和实践能力为重点，强调注重学生的主体地位，满足学生的个性发展需求，从而以学生得到全面发展为根本特征的教育。素质教育的实质就是其不同于其他教育形式的根本属性。通过上述对素质教育发展历程的回溯和对其内涵的阐述，可以得出素质教育最初是为了纠正和克服"应试教育"而出现的这一结论，"应试教育"仅仅关注片面的素质，违背学生的身心发展规律，未能培养全面发展的人。在素质教育提出的后续动态探索中，素质教育的内涵和实质不断被完善。"关注人的发展是素质教育的灵魂、核心和目标。素质教育注重教育过程中把人的全面发展放在中心地位，注重人的整体素质的全面提高、个性发展以及创新精神和能力的提高。"

可以说，素质教育是一种着眼于人的全面发展的教育，目的是培育拥有扎实专业知识和良好品德修养相统一的人才，意在塑造全面发展的高素质人才，体现了对人的本性的追求，是真正贯彻党的教育方针和体现新时代发展需求的教育，其实质就是为了培养全面发展的人。换而言之，素质教育就是促进人的全面发展的教育。

二、大学生素质教育的核心内容

在新时代,响应培育"三有"时代新人的要求,深刻回应"培养什么人、怎样培养人、为谁培养人"的教育根本性问题,为发展素质教育提供了根本遵循。在此基础上,以马克思主义人的全面发展理论为行动指南,我国创造性地提出了一系列体现新时代特征和改革创新精神的新思想新观点,丰富了新时代素质教育的内容。

(一)以立德树人为素质教育的目的

自新中国成立以来,党的教育方针始终紧扣培养德智体美劳全面发展的人才。1957年,毛泽东同志就指出,应将受教育者培养成在德、智、体几个方面都得到发展,具有社会主义觉悟的有文化的劳动者。2007年,党的十七大报告指出:"坚持育人为本、德育为先,实施素质教育,提高教育现代化水平,培养德智体美全面发展的社会主义建设者和接班人,办好人民满意的教育。"党的十八大报告进一步明确了立德树人作为教育的根本任务。以习近平同志为核心的党中央继承并发展了党的教育方针,要求落实立德树人的根本任务,将立德树人定位于全面发展之上,不仅具有鲜明的时代特征,更是对素质教育理论内容的创新性发展,主要体现在以下三个方面:一是揭示了教育培养人的本质,体现了对培养什么人、如何培养人的新认识;二是揭示了德育的重要引领作用,强调促进人的道德品质发展是教育的首要任务,对人的全面发展提出新要求;三是揭示了道德发展与人的全面发展是辩证统一的关系,着重点明了德性教育是人的全面发展的根本保障。

(二)以思想政治教育为素质教育的灵魂

思想政治教育是新时代素质教育的灵魂。党的十八大首次提出社会主义核心价值观,党的十九大强调其是当代中国精神的集中体现,凝结着全体人民共同的价值追求,要通过强化教育引导、实践养成、制度保障来增强其引导作用,将其转化为人们的情感认同和行为习惯。习近平总书记在全国宣传思想工作会议上指出,要把培养担当民族复兴大任的时代新人作为重中之重,要坚定理想信念、筑牢精神之基,树立起坚定的马克思主义信仰,增强"四个意识"、坚定"四个自信",为党和国家事业发展提供思想保证。只有高举马克思主义旗帜,用中国特色社会主义思想武装头脑,才能使全体人民在理想信念、价值观念、道德观念上紧紧团结在一起，才能培养出有理想、有本领、有担当的全面发展的时代新人，为中华民族伟大复兴作出更大贡献。

（三）以创新精神和实践能力为素质教育的重点

培养学生的创新精神和实践能力是新时代素质教育的重点。习近平同志立足新时代世情国情指出，要把创新摆在国家发展全局的核心位置。他将创新论述为民族进步的灵魂，国家兴旺发达的动力，中华民族最深沉的民族禀赋。面对日益激烈的国际竞争局势，他指出："惟创新者进，惟创新者强、惟创新者胜。"在信息化时代，科学技术的发展突飞猛进，综合国际的竞争说到底就是人才的竞争。习近平同志多次指出，作为社会上最具活力和创造性的时代新人，青年人要勇于创新，走在创新的前列，充分发挥主观能动性，为国家发展、民族复兴凝聚起磅礴力量。

"纸上得来终觉浅，绝知此事要躬行。"实施素质教育，促进人的全面发展，一定要坚持教育同生产劳动和社会实践相结合。习近平同志在继承毛泽东、邓小平等党和国家的领导人思想的基础上，立足新时代我国具体实际，对该思想进行创新性发展并提出加强劳动教育和实践教育的观点。习近平同志在2018年全国教育大会上指出，培养德智体美劳全面发展的社会主义建设者和接班人，将"四育"提升为"五育"，凸显劳动的价值，教育学生通过劳动和实践去播种希望、收获梦想。同时引导学生在劳动和实践过程中锤炼自己的意志，努力塑造钢铁般的意志，力求不能仅从书本中学习知识，更要身体力行落实到实践中去，做实干家，做到知行合一、以知促行、以行求知。

（四）以高素质师资队伍建设为素质教育的关键

教师是立教之本，兴教之源，承担着传播知识、思想和真理，塑造灵魂、生命和人的时代使命，是教育发展的第一资源。在新时代，教师肩负着塑造中华民族伟大复兴中国梦的"梦之队"的历史重任，教师要做好这支"梦之队"最值得信赖的"筑梦人"。邓小平在全国教育工作会议上的讲话明确提出："一个学校能不能为社会主义建设培养合格的人才，培养德智体全面发展、有社会主义觉悟的有文化的劳动者，关键在教师。"习近平总书记指出好老师是民族的希望，在党的十九大报告中他明确指出："加强师德师风建设，培养高素质教师队伍，倡导全社会尊师重教。"的思想。2021年《十四五规划纲要》明确指出建立高水平现代化教师教育体系，加强师风师德建设，提升教师教书育人能力素质的要求。

第二章　当代大学生素质教育的现状

教育是关乎人类未来的神圣事业，教师是决定教育质量和教育未来的关键，拥有高素质的师资队伍是一个学校的光荣、一个民族的希望。培养一支有道德、专业知识扎实的高素质教师队伍是新时代素质教育发展的关键所在。这就要求我们要正确认识到教师工作的重要性，以加强教师队伍建设为素质教育发展的关键抓手。这就要求老师平等对待每一个学生，尊重学生的个性，善于发现学生的闪光点，将其培养成为全面发展的高素质人才。

（五）以教育公平为素质教育的基石

教育公平是新时代素质教育的基石。教育公平是社会公平的重要基础，是维系社会公平正义的坚实基石。党的十八大报告将十七大报告中"办好人民满意的教育"调整为"努力办好人民满意的教育"。习近平总书记提出了"以教育公平促进社会公平正义"的重要论断。习近平同志在十九大报告中指出，教育事业的发展应"公平而有质量"，为中国未来教育的发展指明了方向。教育作为民生之首，是促进社会和谐发展的途径，也是实现全面发展的必由之路。教育公平旨在使每个社会成员都享有同等的教育权利、教育机会、教育质量和教育资源。"人人上好学"，是新时代人民群众对教育公平的迫切需要。2021年，在十三届全国人大四次会议《政府工作报告》中，对素质教育提出了在教育公平上迈出更大步伐的新要求。要求通过完善基础教育政策；优化教育资源配置；缩小区域、城乡间教育差距；推进教育精准脱贫等措施，进一步深化教育公平，促进社会公平正义，积极推动素质教育发展，促进全人全面发展，实现中华民族伟大复兴的中国梦。

三、提高大学生综合素质的意义

习近平同志在党的十九大报告中提及"使中华文化伟大复兴的基础是建设教育强国，要保证严格遵守党的教育方针，完成以德育人的基本方针，使素质教育获得全方位的发展，深入推进优质教育，从而使社会要求的培养德智体美劳全面发展的人才培养目标得以实现"。

素质教育以提高国民整体的素质为目标，使高校素质教育能力和学生的创新精神及实践能力都得到提高，使学生得到全面性发展。但是，什么是素质教育？想要真正了解素质教育的意义，就要从两个方面展开分析：一是素质，二是素质的分类。素质，就是指以人与生俱来的生理学为基础，在后天性的自然环境和教学的影响下，根据自己的发展和实践活动，慢慢培养成的相对稳定的身心健康发展趋势。然而对于素质的分类,一直都没有一个明确的意义划分,可以从很多个方面进行解释,比如大学生的政治素养、道德品质、身心健康、身体素质等多个方面。在大学生的素质教育中,思想教育是根本目标,它对大学生的发展方向和成长方向都有着重要的影响。

(一)文化素质是大学生发展的基础

提高文化素质,是培养大学生自身气质和修养的重要手段之一。文化素质包括两个方面的素养:一方面是科学文化素养,科学文化素养是指人类对客观事物的正确反应和理解,是人们在长期改造世界、创造技术过程中的正确认识成果,是人类精神文明发展的瑰宝和重要的精神财富。不断提高科学文化素养,可以帮助大学生在提高的科学文化素养上提高综合素质,使大学生通过对科学知识思维的开发和技术的应用,最大程度地发展自身的潜能,不断掌握生存和生活的能力。另一方面是人文素养,人文素养的本意就是以人为本和以人为重点的内在品质的表现。一个国家要想强大,必须重视提高人才的人文素养,这对国家和民族的繁荣发展具有关键性作用。

(二)身心素质是大学生发展的本钱

身体素质是大学生成长和发展的基础,直接影响着学生德智体美劳的和谐发展。人的身体发展和肌肉活动的基本能力就是身体素质的意义。它不仅仅是人体器官和系统的肌肉工作过程的综合反映,而且也是当代大学生良好的身心素质、健康的体质和体魄的反映,使大学生可以更快速地适应社会生活。从我国民族发展的角度来说,为祖国和人民服务的前提要求是大学生必须要有健康的体魄和健壮的身体素质,这不仅是中华文化具备充足活力的反映,而且也是建设社会主义现代化强国梦的需要。心理素质的提升,可使大学生具备身心健康的心理状态、健全的人格,对人的思想道德建设和开发智力具有十分重要的作用。

(三)能力素养是大学生发展的方式

能力素养是大学生投身物质生产劳动和精神生产劳动的基本,也是大学生根据实践活动推动各种各样素养的产生和发展的需要。能力素养包含学习培训能力、自主创新能力、实践活动能力和组织协调能力。学习培训能力便是学习方法和技巧,学习培训能力是全部能力的基本。学习培训能力的提升,使大学生具备自主学习的观念和能力,提高思考与分辨的能力。自主创新能力是技术和各种各样社会实践活动在行业中持续提供的具备经济价值、绿色生态使用价值的新发展理念、新基础理论、新方式和新发明的能力。自主创新能力的提升，可以提高大学生的创新精神和创造兴趣，使其创造能力得到开发。

（四）审美素质是大学生发展的催化剂

审美素质是指审美主体在审美主题活动中产生的心理审美品质，它包含审美价值和审美能力。审美价值就是指本人在观念、专业知识、感情、造型艺术四个方面表现美的标准。审美主体的兴趣爱好、感情情绪作为审美的动力系统，组成审美主体开展审美主题活动的本质依据，是开展审美主题活动的内驱力。审美价值的提升，可使大学生提升内心诗意，陶冶情操，塑造气场，美化人生。审美能力是指审美感知力、审美想象力、审美理解能力，是对主体审美主题活动的认识和了解。审美能力的提高，可培养大学生正确的审美观念和健康的审美乐趣，培养大学生感受美、欣赏美、表现美和造就美的能力，可以按照美的规律性来创造本身的良好人格品质。

第二节 大学生素质教育现状

一、传统教育模式制约了素质教育的发展

传统教育模式下，教学管理者独立收集教育教学资源，然后通过课堂教学的形式传授给学生。传统教育模式中主要采取单向灌输知识的教学模式，学生也只是被动机械接受。传统教育模式中，管理者在传统管理理念的影响下只注重课程考试和卷面成绩，教学水平受教育者个人的影响较大，更缺乏培养素质能力的方法，这种方式越来越难以满足现代教学管理需求，不利于全面提高学生综合素质，教学理念亟须更新，教学内容有待丰富，教学手段急需多样化。

二、大学生素质教育本身存在的问题

（一）思想道德素质教育有待加强

由于新时代"互联网"的急剧发展，西方不良文化也随之而来，当代大学生接触西方不良文化的机会和渠道不断增加。特别是有些大学生通过一些直播工

具，短时间就能接触到一些不良文化，使大学生思想政治素质下降。甚至，个别大学生受到西方不良文化的影响，在学习和生活中走向误区、走向歧途。在政治素质比较弱的情况下，就会不经意间加入一些不良组织，甚至成为崇洋媚外者，不利于现代大学生的健康成长。

（二）科学文化素质教育亟待加强

目前，还有一大部分大学生认为进入大学就可以休息一下，经常玩手机游戏，逃课、旷课，甚至考试作弊，过度放纵自我。部分高校的辅导员、专业任课教师对沉迷于各种网络游戏的学生重视度不够，学生学习情绪不高，相应阶段需要获取的科学文化素质教育不达标。部分学生突然从高中艰苦的学习环境中升入高校，成为一名大学生后放松了下来，没有了学习目标、学习规划和学习动力，逐步开始追求物质生活，迷失于"虚幻世界"，对科学文化知识的追求、研究和探索停滞不前，缺少了求知欲和学习动力，致使其成绩日益下降、生活日益堕落，浑浑噩噩，因此科学文化素质教育亟待加强。

（三）身体心理素质教育亟待加强

调查发现，目前大学生的身心健康素质急剧下滑，令人担忧。当今大学生缺乏锻炼身体的意识，课堂上坐姿不端正，课下"葛优躺"玩手机，一回到宿舍就开始网络游戏等活动，没有意识参与到打篮球、打乒乓球、踢足球等有益的活动中。体育专业任课教师也反映现在大学生的体能大不如以前了，学生的体能测试成绩下降得很是明显，体质较差。部分高校辅导员也反映有些学生的心理存在问题，学生的心理健康工作有时也要辅导员来做，辅导员一般不是很专业，因此几乎每年都有因为心理问题需要休学的大学生，当前大学生抑郁症患者也开始增加。

（四）实践能力、创新能力、专业能力等综合素质有待提升

很大一部分现代大学生在应试教育的机制下，缺乏实践和劳动技能，多数大学生还把高中的"填鸭式""被迫式"学习方法带到高校，每天进行理论记忆和概念背诵，不去进行思考和社会实践。加之，"5G+""互联网+"的新时代复杂信息的大量冲击，一部分大学生的实践动手能力下降严重，同时缺乏劳动素质教育和劳动意识培养，成了新时代的"书呆子"。由于长期受到应试教育和应试环境造成的不好习惯的影响，很大一部分大学生几乎没有"创新创业""技术研究"

的意识,没有创新思维,不具备新时代大学生必要的创新能力。同时,很大一部分高校虽然建设了省级、国家级创新创业孵化器,但是因为双创师资问题、双创项目问题、双创思维问题,没有较为成功地运作,甚至没有达到设置时的规划目标。由于学校对新时代大学生专业实践能力和学生毕业时具备的核心竞争力目标要求比较模糊,相应的专业技能考核指标和学生技能评价失控,致使一些大学生毕业时不能顺利就业、高质量就业,甚至有些大学生出现了"毕业即失业"的情况,也给学生家庭造成了负担。

(五)习惯素质和自律素养有待提升

据中国青年网报道,2019年度大学生手机上网时间已经超过了5个小时,部分大学生已经没有了良好的学习和生活习惯,每天玩游戏、看短视频到深夜,导致白天课堂上迷迷糊糊。作为新时代有理想有抱负的高校大学生应当有严格的自律素养,不仅要在学习时间和成绩目标上有计划,在大学期间也要有中期、短期的科学规划,而且在职业生涯、毕业就业上更是要有长远的专业规划,每一个规划的节点上都要有严格的自律素养。

(六)大学生责任担当意识不足

马克思主义人的全面发展理论指出,"人的本质是一切社会关系的总和",人是社会存在物,具有社会性。马克思在阐述人的社会性时,一方面指出人必须依赖于社会而存在;另一方面,他指出人要成为真正的"社会性"的人、"全面发展的人",必须有"为他的精神"。这种"为他精神"在新时代是一种崇高的理想追求,一种勇于担当的使命,一种为国家发展、为人民幸福、为民族复兴而奋斗的境界追求。因此大学生社会关系的全面发展,可以丰富大学生自身与社会的联系,使大学生在社会交往中相互交换信息、思想,相互汲取他人的优势之处,促进大学生自身的不断发展与完善。

在互联网信息大爆炸时代,各种便捷的社会交往手段拉近了人与人空间上的距离,使大学生能看到更广阔的世界,丰富了人的社会关系,使人与人之间的联系越来越密切。但网络也是一把双刃剑,把良莠不齐的信息无差别地置于大学生的眼前,大学生处于价值观形成的至关重要时期,极易受到错误的意识形态的冲击。在这样的背景下,素质教育难免受到网络环境的影响,给培养大学生社会责任和担当意识增加难度。

一方面,大学生要在社会关系的全面发展过程中,建立其个人与他人、个人与社会的联系,人与社会、世界的依赖关系得到发展。另一方面,在社会关系发展过程中,大学生的自我意识逐步觉醒,如果不加以引导难免出现过分以自我为中心的价值观念,缺乏家国情怀,丧失为社会贡献的担当意识。在大学生的社会关系发展过程中,这种过分注重个人利益的现象,使大学生与社会、国家的关系被弱化。这种个人利益至上的价值观念,是不符合马克思主义人的全面发展的要求的,割裂了人与社会的关系,不利于大学生的全面发展,给培育拥有强烈社会担当意识的大学生带来了阻碍。这就要求新时代的大学生加强社会关系,强化其与社会的相互依存关系,引导其将个人理想融入社会进步、国家发展、民族复兴的伟大梦想中去,增强其社会使命感和责任担当意识。

第三节 传统文化融入大学生素质教育的价值

一、传统文化蕴含着丰富的素质教育内容

(一) 思想政治方面

《大学》中曾提及"修身、齐家、治国、平天下",认为个人修养、价值的实现要外化到治理好国家、使天下太平的高度上来。同时,因为国家、家庭和个人的利益是一致的,因而,当国家、集体利益与个人利益相冲突时,牺牲个人利益也在所不惜,范仲淹"先天下之忧而忧,后天下之乐而乐"、林则徐广州禁烟"苟利国家生死以,岂因祸福避趋之"等都是很好的体现。作为知识分子,当代大学生必须以爱国主义为指导,努力践行社会主义核心价值观,将自己学到的文化知识服务于祖国建设,将个人梦想融入"中国梦"中,自觉刻苦学习,优化知识结构,强化创新意识,传承中华民族优秀的思想传统和精神内核,立志为祖国的伟大复兴尽绵薄之力。

有了复兴中华民族的伟大志愿,还要不断为之拼搏奋斗。"士不可以不弘毅,任重而道远。仁以为己任,不亦重乎?死而后已,不亦远乎?"意思是说,士应该具有坚毅宽广的品质,因为自己的责任重大,担负着实行和弘扬仁道的人生使命,道路遥远,需要为之奋斗终生,死而后已。面对多元文化的交流与冲击,传承好传统文化同样任重道远,需要大学生树立坚定而强烈的社会责任感,将自己个体价值的实现与国家的发展和繁荣相统一。因为大学生具有较高的文化水平,

对传统文化有更高的理解能力和分析能力，同时也具备了接受这项任务的能力和基本要求，因此大学生作为一个国家和民族发展的中坚力量，是做好传统文化传承工作的最佳人选。

（二）科学文化方面

古代学者在他们的亲身实践中形成的科学探索精神早已为我们的科学研究指明了方向，以朱熹的格物致知思想与科学活动的关系为例，"格"指到达，"格物"的意思是指通过接触物，达到明理的目的。"致知"，也是说通过接触物，从而自觉意识到自己善良的本性。朱熹也是这一科学思想的亲身践行者，他通过亲身考察，找出了地理学经典《山海经》《禹贡》中的不少错误，并对后人盲目相信经典而没有实地考察验证以讹传讹的做法表示不满。格物致知的思想和科学精神对于现如今的大学生是同样适用的，从教育学视角来看，让学生广泛接触自然之物，不仅可以达到明理的目的，而且还可以培养学生对科学的兴趣，激发学生美好的情感。所以当代大学生除了要对格物致知有自己的认识和思考外，还要使得这种精神能够真正地变成中国文化的一部分并将优秀的科学精神继续传承下去。

（三）身心素质方面

孟子认为，一个人应该在面对外界巨大的诱惑抑或是威胁时，都能宠辱不惊，镇定自若，达到"不动心"的境界，做到富贵不能淫，贫贱不能移，威武不能屈。这种精神作为传统文化的重要内容，需要当代大学生继续传承下去，因为大学生在学校这个小社会随时都可能遇到各种各样的诱惑，甚至会因此荒废了学业，如逃课打游戏、考试作弊等，最后考试就变成了一种应付，长此以往，后果不堪设想。所以大学生一定要把自己培养成具有顽强意志品质的人，担得起赞赏，也受得起批评，有则改之无则加勉，这样我们才能不畏惧眼前或将来会遇到的困难，勇于接受考验和挫折，使自己不为苦而悲，不为宠而骄。

中国古代是十分注重个人体质的，据《周礼·地官》记载，中国早在西周时期已有六艺之教，分别为礼、乐、射、御、书、数。其中的"射"指射箭技术，"御"指驾驭马车的技术，可以看出在中国传统的教育文化中早已包含了强身健体这一思想。古代重视身体素质的重要表现形式莫过于武举考试，它是由女皇武则天始创的用来选拔武将的一种考试形式，武举顾名思义主要选拔将才，这种考核方式选拔出了一大批在战场上为守家卫国立下汗马功劳的能人志士。中国古代

的体育项目也十分丰富,有各式各样的球类竞赛、体操、攀爬运动和众多的少数民族体育项目,特别是各种流派的武术技艺更是世界独有。中国传统的体育项目还有跳傩舞、赛龙舟和舞龙灯等,这都是带有中国印记的中国体育项目。无论是教育内容和考试还是各项体育活动都与当代大学生素质教育对身体素质的要求不谋而合,都要求大学生强身健体、增强体质。

(四)专业素质方面

高等教育致力于培养高级专门人才,与古代对专业人才的要求是相吻合的。在古代,先贤们对专业锲而不舍的学习精神也是需要今天的大学生学习的。古人追求学问无遗力,哪怕耗尽毕生精力,也要不断寻求探索,太史公在忍受身体和心灵双重的痛苦下历时13年完成史家绝唱《史记》,李时珍历时27年完成医学著作《本草纲目》……他们都是在专心做一件自己专业内的事,不问风霜雨雪,不畏世道艰险,为社会造福,这也正是我们当代大学生所缺乏的。技可进乎道,艺可通乎神,无论是庖丁解牛的出神入化、列御寇的神于射箭还是卖油翁的"唯手熟尔",都是他们在自己的专业范围内反复推敲、练习习得的,熟能生巧是我们在学习时最容易抛之脑后的。持之以恒亦是古人面对专业及其他事物时令人敬佩的精神,"世上无难事,只怕有心人",的确,那些成功者都是能够在别人要放弃的时候坚持下来才得以成功的。无论身处哪个行业,出色的人都是通过不懈努力和实践来提高自己的技艺和专业能力的,反观当今大学生钻研学术时却很难完全摒弃外界干扰,坚守原始初心而不更改,所以大学生在学习的时候,要反复练习,不断思考、推敲,心无旁骛,这样才能使自己更好地掌握专业方面的知识和技能。对待学业或工作一定要足够专注、专一、专业,经得起磨砺、耐得住寂寞、舍得去钻研,像古人一样拥有精益求精的专业精神。

二、传统文化与大学生素质教育融合的重要价值

(一)有助于丰富大学生素质教育的内容

传统文化对于提高大学生的精神境界、塑造健全人格具有潜移默化、不可代替的作用。大学生素质教育要有针对性,因此高校必须把中国独特的文化作为素质教育的内容,夯实文化基础,满足学生成长发展的需求。春秋战国的理性思辨、秦汉的雄伟建筑、魏晋的多元思想、盛唐的诗句、宋元的词山曲海、明清承前启后的话本小说等,以及传统文化包含的众多积极因子,如爱国主义、仁义忠

孝、百折不挠等，这些既是历代人民智慧的结晶，同时也是中华民族的精神支柱，是我们应该世代相传的宝贵财富。数千年来，文人墨客打造的精神王国繁花锦簇，这些绚丽的基因是文化的精髓，蕴含了丰富的精神养料和教育资源，如从唐诗宋词中感受抑扬顿挫之辞彩，从高山流水之音中体验宫商角徵羽之韵律美，从雕廊画壁、亭台楼阁之中感悟匠心独运……在笔下生花、彩绘铺锦、翠玉连珠的传统文化中感悟其优良传统和可贵精神，无论在思想精神方面还是在物质方面都是对大学生素质教育内容的有利补充，传统文化中的热爱祖国、修身养性、立己达人、诚实善良等传统美德仍发挥着超越时代的永恒魅力。传统文化的精神内涵不仅能够提高大学生的鉴赏能力和人文素质，而且还进一步丰富了素质教育的内容。

（二）有助于完善大学生素质教育的理论体系

传统文化中积淀着深厚的中华人文精神，中华人文精神恰恰可以滋养大学生的行为习惯和精神理念，因此，因事而化、因时而进、因势而新，创新方法，把传统文化作为大学素质教育的内在要求和新的突破口，以文化人，可以实现人才培养目标。

首先，就教育的目的而言，素质教育主要针对高等教育注重专业教育却忽视学生综合素质的问题，力求改变"重理工轻人文、重专业轻基础、重书本轻实践、重共性轻个性、重功利轻素质"的教育现象，旨在促进受教育者的全面发展和个性发展。开展传统文化教育，有利于建设社会主义文化强国，增强国家文化软实力，对学生个人和国家都有着重要的意义。传统文化教育是一项系统、层次递进的工程，在小学、初高中和大学有着不同的目标，而大学加强传统文化教育，主要目标是实现"文以育人，文以化人"的教化功能、提高文化自觉自信、增强大学生文化素养、完善大学生人格修养、培养大学生弘扬传统文化的责任感和使命感。

其次，从教育理念来讲，当前研究者普遍认为德智体美劳全面发展是素质教育的根本理念，在此理念下要坚持以人为本、德育为先、以学生为中心、以发展为主题的现代教育理念，素质教育坚持面向全体学生，使每个学生都得到尽可能全面、良好、主动和具有个性化的发展。传统文化教育的开展，有利于大学生正确把握社会主义核心价值观教育、时代精神教育和革命传统教育的关系，坚持课堂教育与实践教育相结合，坚持学校教育、家庭教育、社会教育相结合，坚持针对性与系统性相结合，坚持知识、情感、行为的有机统一，积极开展教育活动。

最后,素质教育的目的决定了素质教育是一套完整的人才培养体系,包含了培养目标及其实现方式条件等诸多教育要素。素质教育的任务分为总体目标和具体任务,总体目标是全面提高学生的素质,当今社会的发展和对人才的需求要求大学素质教育应以培养学生的创新精神和实践能力为重点,以提高自主学习和探究能力为核心。而高校开展传统文化教育,主要是以提高学生学习传统文化的自主性和探究能力为重点。引导学生完善人格修养,关心国家命运,自觉把个人理想和国家梦想、个人价值与国家发展结合起来,坚定为实现中华民族伟大复兴的中国梦不懈奋斗的理想信念。

第三章　当代传统文化与大学生心理素质教育

心理素质教育是素质教育的重要组成部分。对传统文化中蕴含的心理学思想、心理素质教育思想及具体内容等方面进行梳理，对当代传统文化和大学生心理素质教育的发展具有十分重要的现实意义。本章分为中国传统文化中的心理学思想、中国传统文化融入心理健康教育的意义、中国传统文化的情感教育价值三部分。

第一节　中国传统文化中的心理学思想

现代心理学处理心理问题的一般思路：首先分析心理问题产生和存在的原因，然后通过认识转换的方法消除心理冲突，用行为或心理等控制方法来矫正心理问题，从而恢复心理健康。而中国传统文化处理心理健康问题的主要思路也可对应到西方心理学的处理思路上，儒家、道家、佛家处理心理问题分别通过"正心""静心""明心"的方式，传统中医则是对"养心"格外重视，提倡通过一系列方式来治身，达到身心一致的健康状态，对中国人的影响一直延续至今。

一、儒家——修心养性的"正心"

儒家思想作为我国传统文化中的主流文化，十分重视生命的意义和价值。儒家自孔子开始，就把"修身"作为教育八目之一。儒家以中庸之道为准则，认为"修身"是本，处在第一位。为了让人们遵循"仁"这一道德准则、遵循《论语》中所说的"人而不仁如何礼"，儒家通过"教化"向人们宣传和灌输"礼"的政治理想和"仁"的道德规范。儒家提倡通过加强自我的"修心养性"来逐步达到"仁"的精神境界，使个人的行为与封建道德相匹配，为巩固政权和巩固封建统治培养人才。儒家通过一系列办法修心养性达到"礼"和"仁"，来把心

态"摆正"到儒家所提倡的规范状态,来获得仁与礼达致礼的理想社会,也就是"正心"。

儒家用"礼"和"仁"正面规范人们的行为,强调做人应有理想信念,用"克己复礼""三省吾身""乐道安仁"来让人们抑制自己的欲望、改善错误情绪和克制不良习性,使其最后可以达到积极乐观、内心愉悦自在、精神超然的最高境界。

可以看出,儒家的心理健康观更注重个体通过立志、自省、克制、学习等一系列过程来进行修心养性,最终达到"正心""仁"的目的。儒家的这种心理健康观对于现代社会中有些人存在的玩物丧志、心态偏激等不良心理状态也起着一定的心理调适作用。

儒家认为心理问题主要来自道德信念上的不能实现和个人本能欲望之间的冲突。儒家注重"修身齐家治国平天下",当这一目标不能实现时会就产生问题。我们可以理解为其中的挫折感就会带来心理问题。成德的过程也不是一帆风顺,儒家认为成德需要克服很多本能需求,如若不能克服,就会带来忧愁,如孔子晚年所说:"德之不修,学之不讲,闻义不能徙,不善不能改,是吾忧也。"这其实就是心理冲突的一种表现。

在通过认识转换来消除心理冲突方面,各家的模式有共通之处,都很重视人的生存价值和心理层面的作用,都是先确定一个价值观主体转换要达到的方向,再使用一些转化的方法来对认识进行转换,以此来解决因人的生存问题而带来的心理问题。其实质就是通过对人的教化,帮助人树立起精神信仰,客观上起到维护心理健康的功能和作用。儒家提倡发挥主体性,正面控制引发心理冲突的事件,主张朝"入世担责"方向转变思路,提倡用乐趋难、关注道德、认命等思想转换认识,从而解决心理问题。

"立志、克己、自省"是在情绪和意志方面的要求。树立目标之后不忘"克己",并常常通过"自省"的方式察觉内心世界。"改过、力行"是在行为方面的要求,要求知行一致,身体力行。儒家非常重视知情意行的统一以保持良好的心态。

二、道家——顺其自然的"静心"

道家的心理健康观主要是"顺其自然",保持"清静无为",也就是所说的"静心"。道家将人的本性理解为人的原始性。道家认为,人类原始本性丧失的根本原因是人们"求学"所导致的多私多欲,又因为人们的多私多欲导致人们后天的"有所作为"。这里的"有所作为"指那些违反规律的作为。"求学"是指那些违反规律的巧诈之学。道家认为只有达到人性的复归人们才能保持一种良好的精神状态,使人的肉体不受到伤害。为了达到的人性的复归,必须从人性丧失的原因入手,用"静心"的方法达到"心"的健康。道家针对这一问题找到了顺其自然、清净无为的这两种"静心"状态。

道家"顺其自然、清净无为"的身心修养方式是一种追求返璞归真、追求人的原始本性的回归的一种方式,道家文化中的这种心理健康观闪烁着智慧的光芒,特别是在现代社会人们生活节奏日趋紧张,它提倡的"顺应自然"的方法也是达到"心"的健康的一种可行之法,在人们应付心理应激的情况时可以提供行之有效的方法,对人们心理调节与疏导提供了可行的方法。

道家认为,心理健康问题的根源在于智慧与人为文明、欲望、现实的约束之间的冲突,一切违反规律的行为、违反规律的巧诈之学都会产生问题。道教主张"少私寡欲",也就是通过节欲、安返清净来达到"清静"。当这个目标没有达到的时候,就会产生问题。

在转换认识来消除心理冲突方面,道家主张遇事"顺其自然",从顺苦纳难、关注自然方面转换思想认识,思路是采用退让的、弃智守朴、去用取无、以下为上的方法来处理遇到的心理困境。

道家主张从行为或心理控制上矫正心理问题,提倡"坐忘""心斋",通过凝神静坐而忘心。《老子》中提到:"涤除玄览,能无疵乎?"旨在提倡通过静坐、呼吸吐纳、养气存神等放松方法达到内心世界的清净,用顺其自然的身心状态,达到超脱现实的境地以求得内心世界的愉悦安宁。

三、佛家——精神净化提升的"明心"

佛家更注重的是精神境界的净化提升,认为人的各种欲望是痛苦的来源,旨在通过"看破、放下、自在",破除人们的"执着",认为看破事物从而达到通透,就能放下心中执念,活得更加自在。佛家文化认为人要想解除痛苦,必须从各种狭隘的偏见中超脱出来,而不为无明所系缚,进入高明之境,提升精神境界获得某种自由,也就是"明心"。

佛家强调"明心见性"。延寿曾认为"明心见性"一词意思是认为生命的超越以及人本质的完善在于反省内求而不假外求,直指本心,即心是佛,明心见性,才会复归于人的至善本性。佛家强调了对自我本心及本性的认识、理解和体验。佛家认为只有实现自我超越、解脱,忘记烦恼、痛苦和生死,才会成就为

佛。佛家文化中"放下"、去除"我执"和超越自我的心理健康观对于现代人的心理健康仍有很多指导意义。

佛家以追求自我精神解脱为核心，追求一种宁静、恬淡、含蓄的内心状态，通过对外界事物的观照达到"明"、达到内心的通达，使物我同一，使内心世界与外在世界融为一体从而达到旷远豁达宽广的境界。这对于缓解人与人自身、与他事他物的紧张关系具有积极作用。佛家强调的"明心"提醒着人们时刻反省内求，复归至善。

佛家认为人的本能欲望是人生充满痛苦的根本原因，心理问题主要来自"生而为苦"，还有描述"苦"的性质的"三苦说"。佛家认为"苦"有"苦苦、坏苦、行苦"三种性质，苦苦指生、老、病、死、爱别离、怨憎会、五阴炽盛。就是指病痛的、生理上的、肉体上的苦及损失钱财、亲友离世的心理上的、精神上的苦。坏苦指我们通常说的"快乐"感受，佛教认为其实质也是苦（乐受失去后的苦）。这些苦痛都是人内心痛苦的来源，必须摆脱它们而使内心达到平静，如果不能摆脱就会带来问题。

在转换认识来消除心理冲突方面，佛家的主导转换方向为"超生度苦"，用迎苦寻难、关注超脱方面来转换认识。思路则是化解，把生活和生存带来的困苦化解到其他方面，以来生化苦、超脱轮回来解决人面对困境时的心理转变。

在从行为或心理控制上矫正心理问题方面，佛家认为能摆脱世俗的欲望，就能进入领悟超脱的境地，达到内心的健康，解脱的途径是通过"正念"的方式，持"八正道"（正见、正思、正语、正业、正命、正精进、正念、正定），要求人们按照佛教的教义来观察、思考、说话、行动和生活。

第二节　中国传统文化融入心理健康教育的意义

一、心理健康的标准

心理健康的本质是一种持续的良好的心理状态，是个体整体健康的反映。目前较为常用的对心理健康的定义是第三届国际卫生大会上提出的，认为心理健康是人在身体、智能及情感上，在与他人的心理健康不相矛盾的范围内，将个人心境发展成最佳的状态。

与之相对的，心理健康标准则是对心理健康概念的细化。国内外研究者因

第三章　当代传统文化与大学生心理素质教育

对人性观、价值标准和文化相对性等的立场、理解各异，所以对心理健康也有各式各样的评定标准。例如，美国著名的社会心理学家马斯洛认为心理健康要以自我实现者所共有的心理特点为标准，即内在本性得到充分发挥的人才代表着心理健康。国内学者刘华山则从"众数标准"出发，注重描述大多数心理健康个体的行为特征和品质范围，如具备自控能力、自尊心、人格相对协调与稳定、能自我悦纳等。临床心理学家则从精神病学角度出发，以病因或症状存在与否作为评判心理健康的标准，在此思想指导下心理健康被视作以心理疾病的有或无为判定标准的单维结构，为消极心理健康观。此后又有学者提出与之相区别的积极心理健康观，该观点认为积极心理健康表现为人格和社会环境的良性互动状态。值得注意的是，随着21世纪以来积极心理学研究的逐步深入，"完全心理健康"的理念在整合了以往消极心理健康观和积极心理健康观的基础上被越来越多的研究者认可。该理念强调心理健康的个体不应存在心理症状，同时应拥有较为积极的心理品质，如幸福感等。幸福感被视作心理健康的重要指标，是积极心理学研究的重点。历史已经证明，人类社会越进步，一些个体层面和集体层面的积极品质越会被关注，如幸福、美德、创造力等。因此，从积极心理学视角看待心理健康极具时代意义。

（一）心理健康的正性指标：幸福感

"幸福感"是积极心理学视域下心理健康观点的核心概念和正性指标，是一个综合的、多维的积极心理结构。现代心理学在哲学"快乐论""实现论"的基础上分别提出了"主观幸福感"（SWB）和"心理幸福感"（PWB），两者在来源、概念及测量标准上有着很大的区别。其一，主观幸福感主要从"积极情绪""消极情绪"及"生活满意感"这三个指标来调查人们对自己生活状态的评价，这种评价不会随着时间或环境的变化而发生重大改变。其二，心理幸福感的测量指标主要由自主性、与他人的积极关系、掌控环境、个人成长、生活目标感、自我接纳等维度所构成，其强调个人潜能得到发挥所带来的愉悦的情感体验。按照自我决定理论的观点，心理幸福感也是个体需求得以满足或目标得以实现的产物。

（二）心理健康的负性指标：焦虑、抑郁

早期的精神分析学派认为，在力比多的作用下，当个体不可避免地遭遇负性心理事件而又采取了不恰当的防御机制时，就有可能产生焦虑。有学者认为焦虑是个体面对威胁情境时产生的一系列的身心不适感。

抑郁是人类心理问题和疾病最常见的病因之一，基本上每个人在一生中的某个时段都或多或少抑郁过，其症状表现为心情长时间低落及兴奋感缺失。有的学者根据抑郁的表现将其分为了"抑郁情绪""抑郁行为症状"以及"抑郁性神经症"三类，其中"抑郁性神经症"是一种严重影响个体正常生活的抑郁状态，对身心健康影响极大。

焦虑、抑郁在精神病学上被归为一种情感障碍，在临床心理学上则被视为一种不良情绪或倾向，是典型的心理健康负性指标。综合上述研究观点，具有较低水平的焦虑、抑郁，伴随较高水平的幸福感，是一种持续的、良好的心理状态。

（三）大学生的心理健康标准

大学生群体关系着社会的发展与未来，是许多专家学者广泛关注的对象，其中，大学生的心理健康问题一直是心理学领域关注的热点话题。我国专家学者制定了大学生群体心理健康标准。

郑日昌教授认为大学生心理健康标准有以下几个内容：①具有独立生活的能力，②具有独立思考和判断的能力，③从心理上接纳自己，④面对现实充满信心，⑤具有自我调节和适应环境能力，⑥人际关系良好，⑦学习方法得当，⑧能应付一定的挫折。高顺教授有将大学生心理标准分为：①个人心理特点符合年龄成长规律，②有完整的人格，③有正确的自我观念，④有适应环境的能力，⑤有良好的人际关系，⑥情绪反应正常，⑦能有效学习和生活。

曹艳艳教授将大学生心理健康标准分为：①能保持正确的自我意识，②能保持学习兴趣和求知欲，③能自觉调节和控制情绪，④有良好的社会适应能力，⑤心理行为符合年龄特征，⑥有和谐的人际关系。

综上所述，专家学者在制定心理健康的标准时，从不同的角度展现了不同的内容，但其判断标准是大同小异的，大学生群体的心理健康的标准主要体现在学生对学习生活的热爱、对自我价值的正确认识、情绪的良好掌控、人际关系的和谐、良好的社会适应能力和行为与年龄特点相符合等。大学生心理健康标准是动态的，大学生群体正处于成长阶段，其心理问题随着年龄的变化是不断变化的，心理健康水平也不断改变。大学生心理健康标准给予学校、家庭、自我发现心理问题的依据，使学生能够分析和衡量自身心理状态，及时发现心理问题和不利于心理健康的行为，然后及时调整保持良好的心理状态。

二、中国传统文化促进大学生的心理健康

(一) 引导大学生正确看待人生的缺憾

中国传统文化涵盖了道家、儒家、佛家的处世观念和态度，其中有很多内容可帮助大学生群体解决当下的心理困惑。首先，大学生的很多不良心理来源于和同龄人的比较，学业的比较、相貌的比较、家庭背景的比较等，任何一个方面处于不利地位，都可能引发学生的妒羡和焦虑心理。实际上这种对比的心态不仅仅困扰着大学生群体，早已步入社会多年的职场人士同样广泛存在这一问题。无休止地比较并不能让人获得进步，只能让人心态失衡，产生一些过激的心理。对于这一点，可借助传统的道家思想和佛家思想来化解，道家出世的态度正是要求人们不要过分执着于世俗的功成名就，放下比较心理才能获得内心的平静。其次，正确看待人生的缺憾。没有十全十美的人生，每个人的生活中都会存在坎坷、曲折和不得志，关键是要正确看待，坦然接受不能改变的事实，积极弥补能够改变的部分。常言道"人生不如意之事十之八九"，当然，这样的表达不是要求学生消极对待，而是不要形成偏执的思维。如果学生在传统文化的引导下放下比较心理，积极面对生活中的缺憾，必然能消除大量的不良心理。

(二) 引导大学生树立爱国精神和民族意识等理想信念

远大的理想信念是学生对自己的人生期许，是自我实现的目标，缺乏目标的人往往行动无力而迟缓，容易被生活中的困难束缚。拥有远大理想信念的人通常更加坚韧，能够克服眼前的小困难，将目光投向更远的将来，这类人不易受到不良心理的干扰。大学生群体是社会的宝贵财富，在"十三五"期间已经实现了全面建成小康社会的阶段性目标，进入"十四五"之后将以建设社会主义现代化国家为新目标，大学生群体来到了时代的最前沿，肩负着实现中华民族伟大复兴的光荣历史任务。通过传统文化唤起大学生群体的爱国精神和民族意识，以建设国家、实现个人价值为目标，树立起远大的个人理想和信念，可以提高大学生群体克服困难的能力，其抵抗不良心理的能力也将大幅提升。中国传统文化向来重视对爱国精神的传承和歌颂，这些内容可发挥积极的作用。

(三) 引导大学生正确处理自己与他人的人际关系

人具有社会属性，任何一个个体在当前的社会形态之下都不可能脱离与他人

的联系,处理好自身与他人之间的关系,形成和谐的生活环境,这种心理状态将是健康的、积极的,能够有效促进学生的成长和进步。事实上导致大学生群体心理亚健康的因素中,人际关系障碍是非常重要的一个,独生子女相对更加自我,不擅长在人际交往中迁就或者妥协,难免会激发一些矛盾。中国传统文化中有很多处理人际关系的智慧,例如,孔子说:"人不知而不愠,不亦君子乎?"对待别人的不理解,不要生气和恼怒,采用平常心来对待。"一衣带水,守望相助",这一思想告诉我们日常生活中乐于助人的人通常也能被他人善待,获得更加和谐的人际关系。

第三节　中国传统文化的情感教育价值

一、情感教育

(一) 情感

《心理学大辞典》将情感界定为:"人对客观事物是否满足自己的需要而产生的态度体验。"法国教育家爱弥尔·涂尔干指出:"若要为我们的教育事业提供必要的驱动力,我们就必须努力遴选出作为我们道德性情之基础的基本情感。"情感伴随着人的认知过程而产生,是人类特有的心理现象,也是人类认知和行为的内驱力。朱小蔓教授及其合作者针对在一些权威书籍中对"情感一词"避之不谈或语焉不详的现象做出了详细界定:情感是人类精神生命中的主体力量,是主体以自身精神需求和人生价值为主要对象的一种自我感受、内心体验、情境评价、移情共鸣和反应选择。其中,需要满足和价值体现为情感体验的对象和前提,大脑皮层和丘脑网络调节及腺体激活、各感受器官的协调活动为情感的生理基础,自我感受、内心体验、情境评价、移情共鸣和反应选择为情感活动的内在机制,语言、行为、表情反应形式为情感的态度表现。

黄克剑教授认为实施情感的前提在于接受知识以及启迪智慧,教育也应受到身心的训育以及人生境界的点拨。实施情感教育不是单纯满足学生的求知欲,授人以鱼不如授人以渔,而是要在人生前进道路上给予开导和指点。情感教育倾向于提高学生内在心理调适能力,是一种自律的表现,而不是外在行为的约束。朱小蔓教授也认为情感是人类精神活动的关键组成部分,在人类历史进程中情感的价值和功能需要被充分挖掘和利用。

教育心理学研究表明，影响人类活动的因素包括理性因素和非理性因素，而情感是作为一种非理性因素存在的，也是生活中对人影响最深刻的一种因素。情感分为积极情感和消极情感两大类：积极的情感是从人的内心产生的，当内心需求得到满足之后就会自然而然产生，不需要外在因素，同时在教学领域表现为当学生对教育内容有清楚的认识和了解，这种认识能够提高自身的学习能力和学习水平，如乐观、愉快和满意等；消极的情感是与积极情感相对应存在的，如果内心的需求得不到满足，心情就会受影响进而产生一些非理智表现，如焦虑、忧伤和痛苦等。

（二）情感教育

对情感教育的定义尚未统一，彭伟、廖晓庆教授在2020年分别将已有的定义归纳为着重阐述情感教育的目标、内容和方法层面，以及情感教育的内涵、目标和过程层面。鱼霞教授认为情感教育是教育的终极归宿，教学要注重学生的自控能力和独立信念，推动学生全方位发展并关爱生活、热爱自然及世界。卢家楣教授认为情感教育是指教师通过调控认知因素和情感因素，完备教学目标、提升教学效果的教育。彭伟教授认为情感教育是在具体学科中调控情感的素质，塑造人的情感与个性、态度与价值观，丰富情感体验，提升教学效果，使认知与情感相得益彰，促进学生立足当下生成新的情感品质，实现个性的全面发展，健康地生活。薛蓉在博士论文中将情感教育的特点归纳为三方面：导向性，指通过情感的交流、启发、体验、培养和鼓励，将学生的情感引导到积极的价值观上；促进性，要求帮助学生形成积极的情感，克服消极情感，从事积极的活动；潜隐性，强调教育过程中教师要注意情感暗示，采用"感染""陶冶""感化"等默化潜移的方式融入学生的内心，达到情感共鸣的效果。

综上所述，情感教育是教师在目标上引导学生的态度、人生观、世界观趋向个人价值（为社会、为国家的层面）的实现；方法上促进学生调控情感素质（兴趣、自信、动机、焦虑、美感）向积极方向转变，丰富情感体验；过程上立足学生当下，关注学生主体，使学生独立自主地发展、健康地成长。

二、情感教育的主要功能

(一) 树立榜样，塑造人格

俗话说"学高为师，身正为范"，榜样模范在塑造人格方面具有举足轻重的作用，情感教育在塑造个体人格和品德形成方面也具有积极作用。情感教育的目的是了解学生日常生活中的兴趣爱好、个人需求等，以学生为中心去培养和健全学生的人格。因此教师在教学过程中要充满耐心、尊重和信任，坦诚沟通和交流，在教育氛围下促使学生形成积极的情感体验，使其形成独立、健全的人格。在健全人格方面，教师需要多元化操作，教师的知识经验是十分丰富的，将自己的知识悉数传授给学生需要一个漫长的发展过程，学生深刻理解知识并举一反三，这样才能为未来发展打下坚实基础。除此之外，教师的人格魅力也是一种无形的教育方式，教师的乐观态度、正确价值观以及人格魅力在日常教学中会潜移默化地影响学生。俗话说，上行下效，教师的所言所行无形之中会影响学生的品行，学生依着教师的良好品行行事，教师无形的人格魅力会深深吸引学生，潜移默化地影响学生的内在思想，进而影响到外在行为，使之更能发自内心地接受知识。因此，教师要在培养学生品德和健全人格方面起到指明灯的作用，日常教学中用高尚人格打动学生，用人格魅力感染学生，学生在这种良好的教育氛围下更容易接受教学内容，与此同时教师自身的教育观念、行为模式等也会对学生起到激励和促进作用。

(二) 创设情境，调节情绪

情感是智慧的高级组织者，情感教育就是在教育过程中调节学生的情绪，使之保持愉悦欢快，能够对教师所教内容产生积极的学习动力和情感倾向。教师在教学过程中可以创设情境，如果说教师是勤劳的蜜蜂，那学生就是酿造蜂蜜的花朵，二者之间是互补共生的关系。教师创设教育情境要基于学生情绪发展的状态，学生良好的情绪状态是教师创设情境的基础条件，教师调节学生情绪可以使用情感陶冶法，对学生施以积极影响，净化学生心灵。情感在学生的认知行为过程中具有多样性，不仅是人类精神活动的主要力量源泉，同时也是将客观现实与主观世界联系起来的重要纽带。人既有感性认识也有理性认识，理性认识使人们能够按照客观要求理性接受事物，而感性认识则有多元性。个体在社会生活中有固定的生活方式，而情感能够调节个体的思想和行为，进而决定生活的方式。

因此，教师在教学过程中要创设合适的情感意境，选准时机带动学生投入其中，采用恰当的方式把学生的情绪调节到最佳状态，以增强教学的实效性。

（三）启发思维，激发动力

情感是提高学生学习效率、激励学生乐观向上的因素，在个体日常活动以及工作学习等方面具有重要影响。教师的情感可以激发和鼓励学生的行为，教师要善于把握教育时机，寻找合适的时机用积极情感体验感染学生，启迪学生智慧、提高学生抽象逻辑思维能力。情感具有两极性，分为积极的情感和消极的情感，积极的情感可以推动学生积极向上，更好地接受知识，形成正确的价值观念，激发内在动力，使人上进等；而消极的情绪会使学生态度懒散、自制力差等。因此在情感教育中，教师应激发和调动学生的积极情感，抑制学生的消极情感，或者说教师可以利用学生自己的积极因素，也就是教师要看到学生内在发展潜力，如学生具有坚强、乐观、自信的品质等，引导学生用内在积极因素克服消极因素，达到长善救失的目的。教师在教学过程中不仅要"言传"，更要"身教"，以自身感染力构成一个有利于学生接受知识的强大磁场，从而鼓励和推动学生开展认识活动以及实践活动。

三、中国传统文化的情感教育价值

一个合格的时代新人，其情感态度和价值观一定是正确的。传统文化广泛存在于我们的生活之中，对人的影响是润物细无声的，其中蕴含的哲理思想对大学生的情感态度、价值观具有重要的教育意义。思想政治教育是提高人思想品德修养的教育，爱国主义情感教育作为它的重要内容，和传统文化的价值相统一，有助于培育合格的时代新人。

（一）有助于社会主义核心价值观的培育

作为当前我国社会发展的精神支柱，需要最大程度地发挥社会主义核心价值观在当前社会思想环境中的引领及主导作用。一个社会的发展需要明确的价值坐标，因而，社会主流价值观对于实现国家复兴、人民富强具有重要的引领价值。从现实来看，培育和践行社会主义核心价值观不仅是推动个人及社会发展的必然需求，也是应对世界范围内思想交锋新形势的现实条件，同时，更加是实现伟大复兴中国梦的战略基石。

当前，时代的变革对国家的发展提出了新的现实要求，社会主义核心价值观凭借其自身的保证功能能够使国家发展建设具有稳定性，展现了国家政治、经济、文化等多方面的价值意蕴。我国作为社会主义国家，始终以马克思主义为指导，坚持追求共产主义伟大理想，而这必然要经历长期的社会实践。而社会主义核心价值观形成的系统性价值准则，能够有效避免我国在发展建设中出现价值判断方面的现实问题。物质利益格局的深刻变更给我国社会环境带来了一定程度的隐患，而社会主义核心价值观能够充分巩固社会思想基础，引导社会的价值选择。在日益多元化的社会环境中，物质的变革促进了社会价值理念的发展，而推动社会进步就需要充分理顺社会价值观中的矛盾差异，实现社会价值观的和谐共生。而社会主义核心价值观能够从价值角度推动社会发展，整合杂乱的社会价值取向，从而最大程度上形成有利于社会进步的思想合力。在21世纪，作为现实个体的人面临着愈发陌生的现实环境，这给人的发展提出了新的时代要求。社会主义核心价值观能够满足个体在社会生存中的价值需要，为个体在社会发展中创造必要的精神根基。作为能够最大限度满足个人发展需要的价值观，社会主义核心价值观凭借其深邃的理论内涵，能够从繁杂的价值理念中梳理出最重要的价值理念，不但赋予了人在社会生存及社会交往过程中所必须具备的道德基础，更有利于个体在社会中实现长远发展。

社会主义核心价值观的培育与践行不仅能够实现社会内部的价值整合，而且也是应对全球范围内新的思想价值斗争的现实要求。随着经济全球化、文化多样化、世界多极化态势的逐步深入，全球范围内各种文化价值加速交流碰撞，人们接触种种腐朽思想与不良价值观的机会日益增多。西方发达国家凭借自身在经济全球化进程中的优势地位，向世界大肆输出西方的价值理念与思维方式。多样性的世界文化逐渐被单一的西方价值所渗透，由此也必然在一定程度上使我国社会思想领域内出现混乱与矛盾。《关于培育和践行社会主义核心价值观的意见》中指出，社会主义核心价值观的培育正是要"面对世界范围思想文化交流交融交锋形势下价值观较量的新态势"。具体来看，社会主义核心价值观的培育能够使我国社会成员进一步巩固马克思主义信仰，在人们树立爱国、敬业、诚信、友善的品质追求的基础上，能够引导人们始终秉持对于社会自由、平等、公正、法治的价值追求，并鼓励广大人民群众为建设富强、民主、文明、和谐的美丽家园而努力奋斗，从而有效抵御西方价值理念的侵蚀。

"中国梦"是由习近平总书记立足于时代化的实践发展而提出的著名论断，作为新时代伟大征程的价值理念，充分展现了民族振兴、国家富强的现实追求。应当说，实现中华民族伟大复兴是中国共产党在新时代伟大奋斗历程中所必然要

第三章　当代传统文化与大学生心理素质教育

肩负起的使命与职责。几十年来，我们党始终以民族复兴为指引，取得了彪炳千古的伟大成就。而这一伟大的奋斗历程必然要以在我国思想领域中占据主导地位的社会主义核心价值观为现实支撑。在实现民族复兴的实践中，我们必须具备能够引导发展方向的现实标，必须始终在全球性的价值斗争中保持自身的价值本色，从而确保我国社会主义价值本质在时代发展的历史进程中不变质、不变色。此外，社会主义核心价值观为中国梦的实现提供了现实的文化根基。在中国特色社会主义新时代的发展条件下，社会主流价值观的文化构成是多样的，其既来源于社会主义先进文化，也来源于中华传统文化，普遍满足了人们的价值需求。因而，在社会转型及时代变更的大背景下，面对社会多样性的价值需求，社会主义核心价值观能够最大限度地减少社会利益分歧，从而最大程度凝聚社会价值共识。

大学是确立价值观的重要时期，因此抓好大学生的价值观教育非常重要。任何一种价值理念都有其固有的文化本源，社会主义核心价值观固有的文化本源就是我们的中华传统文化。习近平总书记说过："我们提倡的社会主义核心价值观，就充分体现了对中华传统文化的传承和升华。"儒家提倡的人格修养思想认为首先要提升个人的修养品德，这是最基础的，这样才能执掌好自己的家庭，进而才能管理好自己的国家，并且对每个方面都提出了具体的要求。社会主义核心价值观也将其思想分为国家、社会和公民个体三个方面，这与前面的儒家思想相契合。中华传统文化包罗万象，里面蕴藏着众多的人生哲理、品德修养、民族精神等内容，是我们对大学生进行社会主义核心价值观教育的重要材料来源。

加强爱国主义教育，要培育有"情"有"理"的爱国情感，这也是社会主义核心价值观对公民的要求之一。可以通过创办多样的传统文化活动，将中华传统文化融入爱国主义教育，使社会主义核心价值观入心入脑。例如，在传统民族节日举办新颖的、大众的、参与性高的民俗文化活动，如端午节的历史话剧、春节的贴春联和逛庙会等，让社会主义核心价值观走进群众的日常生活中去，同时这种繁荣、安定的文化氛围和民族节日中饱含的亲情和家国情怀可以激发人们的爱国热情。

（二）有助于坚定文化自信

文化是一个国家和民族的血脉和精神家园，其重要性不言而喻，在中华民族伟大复兴的征程中，我们需要文化自信，更需要加强相关方面的建设。何谓文化自信？文化自信是党和人民对中国文化、中国道路、中国制度的认可与肯定，对中国文化生命力的自豪感和坚定信念。正如习近平所说："五千多年文明史，源远流长。而且我们是没有断流的文化。"对此，每个中国人都应自信和自豪。习近平强调，中国文化"积淀着中华民族最深层的精神追求，代表着中华民族独特的精神标识。"在这里，文化是精神的载体，精神是民族的灵魂；民族精神根植于民族文化，民族文化是民族精神的物化形态。在规划纲要和历史决议等文件中，在文化建设部分，都包含着意识形态、精神文明建设和思想建设。文化与人民思想、意识形态和精神文化不可分割，人民思想、意识形态和精神文化是文化的必要组成部分。由此可知，社会主义先进文化将文化看成人民群众在社会实践中创造的精神财富的总和；是天文、地理、科学、教育、体育、文学等基本元素，哲学文化、宗教文化、经济文化、政治文化、军事文化等基本形式，道德习俗、行为准则、价值信仰、情感体验等基本内容的有机统一。

什么是自信？在《墨子·亲士》中有书："君子进不败其志，内究其情；虽杂庸民，终无怨心，彼有自信者也。"这句话的意思是，是否得志不影响人的心情，处在不好的境况中也不怨天尤人，始终保持良好心态，这就是自信。这里的自信侧重于自己不受外界事物的影响和干扰。西晋陆机在《君子行》中分析艰难的社会现实后，仍然表示自己有处理这种现实的能力和信心，并写道："近情苦自信，君子防未然。"这里的自信指直面艰难，相信自己能够认清现实并见机行事，从而趋利避凶。在北宋政治学家曾巩的《战国策目录序》中也有两句"自信"："则可谓惑于流俗，而不笃于自信者也"和"可谓不惑于流俗而笃于自信者也"。其中自信的意思都是相信自己的判断，不被别人的看法迷惑。清朝龚自珍在《己亥杂诗其二十九》中评价他的朋友汤鹏"勇于自信故英绝，胜彼优孟俯仰为。"龚自珍认为汤鹏相信自己的观点正确且勇于坚持自己的观点，远胜那些只会模仿和附和的人，汤鹏才是真正英俊卓异的人。这里的自信就是相信自己的观点，有主见。随着时代的发展，学者们将自信放到今日语境中进行阐释。在人类心理现象研究中，自信是自己对自身能力的一种评价机制，自身能力包括学习能力、社交能力、随机应变的能力等。杨河在阐述道路自信、理论自信和制度自信时认为，自信是人民对国家生存能力和发展能力的认知和肯定，是对国家和民族未来充满信心的。在论证民族自信心时，秦宣提出，自信是对精华和糟粕进行辩证理性认识后，产生的积极肯定的认知和评价。综上所述，自信是主体自我的一种积极认同、坚定信念和实践自信。

文化自信，顾名思义即对文化的自信。学界对文化自信有众多的界定。文化自信可不是对各式各样的主张、理论的自信，是对民族光明前景的底气和信心，是对民族顽强生存能力的信心。文化自信是特定文化环境中的文化主体，在对文化客体进行了一系列比较、反思和扬弃等认知活动后，凝练提取出值得肯定和弘扬的文化价值，并对文化价值形成的持久稳定的社会心理。文化自信表现为对国家历史的自豪，对民族文化为世界文明作出贡献的骄傲，对创造中华文明的祖先的崇拜，对救国救民的革命先烈的铭记，对建设社会主义先进人物和他们的文化成就的礼敬。文化自信是人民对自己国家历史和文化的高度认可，是对彰显民族精神的文化产品、文化资源和文化传统的自豪，是作为这个国家、这个民族一分子的荣誉感。关于文化自信的界定，学界虽然在措辞上各有不同，但其内涵基本上已形成共识，即对中国文化价值的认可和信心。

一个国家、一个民族，只有对自身文化理想、文化价值充满信心，对自身文化生命力、创造力充满信心，才能有坚持坚守的定力、奋起奋发的勇气、创新创造的活力。中华传统文化是中华民族在世世代代的生活环境中创造出来的，基于共同的血缘关系和文化心态，中国人民对中华传统文化都有着天然的熟悉感。文化中独特的思想、智慧、气韵和神采，是我们坚定文化自信的底气。

爱国情感也是对民族文化归属感、认同感和荣誉感的统一，对民族文化的认同是培育爱国情感的重要条件，反过来爱国情感也会进一步坚定大学生的文化自信。受西方一些思想和价值观的影响，部分学生喜欢西方的文化，如相比传统节日，学生更喜欢西方的节日，特别是注重西方节日的仪式感等。因此，要加强爱国主义教育，爱国情怀越深，越有助于提高文化自觉性，让学生们能自觉维护我们的优秀传统文物，自觉学习我们的优秀传统文化作品，在面对多种文化的时候自信地展示我们的民族文化。在爱国主义教育中进行中华传统文化的学习，感受中华传统文化中的爱国情怀，大学生会因为有这样优秀的历史和文化而感到自豪，从而进一步坚定文化自信。

（三）有助于培养合格的时代新人

习近平在党的十九大始提时代新人这一命题，学界随即进行了热烈讨论，其概念得以明确，内涵得以不断丰富。

一方面，学界主要从时间、空间、实践三个维度进行概念阐释。夏鋆认为，把握时代新人的概念的内涵，需要从新时代、社会主义中国、个人的素养要求三个关键词着手。时代新人必须位于新时代的时间维度下、中国特色社会主义的空间维度下、个体素养的实践要求维度下。

另一方面，学界对时代新人内涵的把握主要从两个维度展开。一是着眼于时代新人的内涵演进。刘波从马克思主义经典作家和中国共产党主要领导人的新人观出发，认为时代新人具有为伟大事业发先声的真理力量、具有伟大事业接班人的担当精神、具有伟大事业坚定者的历史使命、具有伟大事业建设者的能力素质。二是立足于习近平关于青年工作的相关论述。冯建军围绕全国教育大会上习近平提出的六个"下功夫"，阐释了时代新人的基本内涵。孙雅夫梳理党的十八大以来习近平关于青年成长发展的论述，认为时代新人是奋斗者、爱国者、勤学者、高尚者、奉献者、实干家、创新者，是具有坚定的理想信念，敢于担当使命的合格的社会主义建设者和接班人。刘建军认为，时代新人是指"走在中国特色社会主义新时代的前列，具有坚定、自信、奋进、担当的精神状态，具有理想信念、爱国情怀、道德品质、知识见识、奋斗精神和综合素质，能够担当中华民族伟大复兴历史重任的奋进者、开拓者、奉献者"。不难看出，学界虽对时代新人的内涵持有不同的意见，但无论是从内涵演进角度还是现实青年发展的实践角度来看，从理想信念、使命任务、精神状态、能力本领等方面把握时代新人的内涵已然成为共识。

时代新人是新时代的育人目标和任务，青年作为主体，需具备坚定的理想信念、深厚的爱国情感，以饱满的精神状态和全面的素质能力自觉投入中华民族伟大复兴的征程中。时代新人是为理想远大与脚踏实地相结合的追梦者，家国情怀与国际胸怀相结合的包容者，本领过硬与担当责任相结合的奉献者，严守规范与开拓进取相结合的创新者。

能坚持社会主义核心价值观和坚定文化自信，这也是时代新人的重要特征。同时，时代新人还要具备深厚的爱国主义情感。关于"时代新人"的标准，习近平总书记强调"要培养学生爱国情怀、社会责任感、创新精神、实践能力"。可见，具有爱国主义情感是成为时代新人的重要条件。换言之，时代新人要肩负起他们的历史使命，首先就需要提高承担这种使命的自觉性，这种自觉性来自他们的责任感和使命感，也就是爱国主义情感，这也是爱国主义情感教育的时代要求。

中华传统文化中蕴含的智慧和理念可以提高大学生的品德修养和思辨精神。当今时代，各种思想和文化层出不穷，并借助网络形成复杂的"大舆论场"，影响着人们的思想观念和价值取向。特别是大学生，处于"大舆论场"的中心，意志不坚定的大学生就容易受到蛊惑，从而轻视本民族文化，崇尚外来文化。因此只有坚定大学生的文化自信，他们才能经受住外来文化的诱惑。这就要求我们必须对中华传统文化展开学习，学习民族英雄的爱国情感，学习英雄人物身上的优良品格，学习中华传统文化中的道德修养，最终提高自身的思想品德。一个人的精神风貌、精神气质也会影响他们的未来，时代新人应该具备乐观自信、迎难而上、自强不息的精神品质，而这些品质都可以在中华传统文化中的民族精神中找到，如在挫折面前勇往直前的奋斗精神、在民族大义面前视死如归的奉献精神、和朋友之间团结协作的互助精神等。

第四章　当代传统文化与大学生职业素质教育

传统文化中的敬业观念对当代大学生的职业素质教育有着深刻的影响。本章分为中国传统敬业观、当代职业素质构成及职业素质要求、传统文化融入大学生职业素质教育三部分。

第一节　中国传统敬业观

一、敬业、敬业观

(一) 敬业

中华民族一直保持着对"敬"和"敬业"的尊崇，通常以道德规范的形式对当时的人们作出要求，"敬"和"敬业"的内涵也随着我国社会历史的推进不断发生演变。《诗·周颂·敬之》里说，"敬之敬之，天惟显思，命不易哉"。这里"敬"通"儆"，意思是儆戒，同"警戒"，其中也蕴含虔诚、敬畏之意。《说文》里说："敬，肃也。肃，持事振敬也。"这里的"敬"可理解为端肃，侧重指个人要注重保持外在的仪表端庄、整洁，保持对所做的事情的专注。《孟子》里说："敬人者，人恒敬之。"这里的"敬"指的是尊敬、恭敬，是个人与他人交往的态度、准则。"业"最早的含义为学业，后面增加了事情、职业、岗位等含义，如今还指事业。梁启超在《敬业与乐业》一书中对"敬业"解释是：凡做一件事，便忠于一件事，将全副精力集中到这事上头，一点不旁骛。

综上所述，敬业是指个体能够恭敬、谨慎、专心、负责地对待自己的职业、事业、学业，热爱本职工作，忠于职守，持之以恒；扎实的专业技能；勤勉的工作态度，脚踏实地，任劳任怨；积极的进取意识，追求创新，精益求精；无私的奉献精神，舍己为公，忘我工作都是敬业的必要构成因素。

(二) 敬业观

大部分学者没有专门区分"敬业观"与"敬业精神"的概念与内涵，敬业、敬业观、敬业精神、敬业价值观等交替使用。但敬业精神的外延比敬业观更大，敬业精神包含职业道德观，职业道德观包括敬业观。职业道德，也称职业道德规范，是人们在职业生活中应遵循的符合职业特点的道德要求和行为准则，其内容随着社会的发展而不断发生变化。爱岗敬业、诚实守信、办事公道、服务群众和奉献社会是当今我国社会职业道德规范的最新要求。只有将这些具体规范凝成人们内心深处的敬业认知、敬业情感，锤炼为敬业意志，外化为敬业行为，人们才能真正感悟到职业的使命，职业道德才能达到较高的境界，从而使社会和谐稳定。所以说，敬业是职业道德的核心，是从业者最基本、最重要的品质。此外，敬业观最鲜明的特征是其蕴含某国家、地区的意识形态、政权和文化特点。

二、中国传统敬业观的主要内容

(一) 谋道奉献、业以济世的职业理想

敬业观是社会对人们工作态度的要求，其核心是奉献精神。奉献是一种真诚而自愿付出的行为，表现为强烈的道德责任感和义务感，奉献精神是一种纯洁而高尚的职业精神。金庸曾说："侠之大者，为国为民。"《礼记·礼运》说："大道之行也，天下为公。"敬业的最高境界就是自觉地承担和履行社会责任，为国家、为人民、为更远大的正义事业而奋斗，以实现最大的社会价值。在"天下为公""为国为民"的社会里，人们的道德行为要合理合规，合乎社会标准，不能"独亲其亲，独子其子"。古代的学者在学习的同时，要求自己用所学的知识为国、为民谋取福利。正所谓"己欲立而立人，己欲达而达人。能近取譬，可谓仁之方也已。"在为谁工作这个问题上，孔子认为工作不仅为了自己，更为了他人和社会，要为了他人的幸福而奋斗。这种敬业观不仅要求实现人的个人价值，而且也实现人的社会价值。所谓"分则和，和则一，一则多力，多力则强，强则胜物"，每个人在自己的职责范围内充分发挥个人的才智，从而形成强大的合力，推动整个社会的发展。宋朝理学家张载提出："为天地立心，为生民立命，为往圣继绝学，为万世开太平。"张载立志高远、勤于学习不仅是为了个人，更是为了达到修身、齐家、治国、平天下的伟大理想。"君子食无求饱，居无求安，敏于事而慎于言，就有道而正焉，可谓好学也已。""君子谋道不谋食。"孔子认为君子应当克制追求物质享受，不过多地讲究饮食与居处，而应将注意力放在塑造自己的道德品质上，谋道奉献，对待工作勤劳敏捷、谨慎小心，并且经常检讨自己，从而让自己拥有高尚的人格，实现自己业以济世的人生理想。

（二）尽忠职守、爱业乐业的职业情感

职业情感是指从业者对自己的职业所持有的稳定态度，从内到外影响着人们的职业行为。积极的职业情感对敬业主体形成更高层次的敬业观发挥着基础性作用。尽忠职守指的是一个人的敬业意识，爱业乐业是敬业最基本的职业情感，是对自己的工作的热爱与忠诚，是一种对工作负责任、尽心竭力完成自身职责的敬业态度。

《说文解字》中将"忠"解释为"敬"。对于古人来说，敬和忠是密不可分的两种美德，忠是敬业的重要方面。由于传统社会并不提倡职位间的流动，传统职业道德多强调从业者对职位要专注。"素其位而行，不愿乎其外""能守一职，便无愧耳"，从业者要安于他平素所处的地位和工作，不企求本分外的事情，专注于自己的本职工作，只要对社会有所进益便无愧于社会了。

从孔子对忠诚的理解来看，"忠"主要有三层不同的含义。首先，"忠"是指臣子对君王应尽的责任和义务。孔子认为"臣事君以忠"，忠心耿耿侍奉君主是臣子应当遵守的道德准则。《朱子家训》中说："臣之所贵者，忠也。"在传统社会，特别是在政治伦理方面强调下对上的忠诚。其次，在处理人与人关系时应做到"与人忠"，即对自己服务的对象要尽心尽力，守好自己的本分，这是一种内在的道德理性自觉。职位有高低，但敬业方面没有高下之分。孔子的"居之无倦，行之以忠"，《增广贤文》中的"但能守本分，终身无烦恼"讲的就是对自己所从事的工作要尽忠尽责，竭尽全力，毫无保留。如《白公家训》中所说，"莫务便于己，凡事益于国，不欺心，不沽名"，工作最要紧的莫过于尽心尽力做好自己的本职工作。在《论语·述而》中孔子自述其心态是"发愤忘食，乐以忘忧，不知老之将至"。发奋用功使孔子忘记了吃饭，快乐得把忧虑抛到了脑后，连自己快老了都觉察不出来了。从这句话里，我们可以看出孔子在自己的工作、读书学习中体味到了无穷乐趣，展现出了积极向上的精神面貌。最后，要忠于自己的言行。子曰："言忠信，行笃敬。"孔子强调做人做事要忠于自己的言行。

(三）持之以恒、自强不息的职业意志

无论做什么，总会有一些困难和挫折。职业意志是指人们在履行职业道德责任时，能够克服一切困难和障碍的毅力和精神。前人非常重视敬业主体的心理状态和职业意志，提倡人们在工作中要持之以恒、乐观向上、坚韧不拔；在职业意志方面要百折不挠、迎难而上，克服困难，最终达到"仁义"之道。

《易经》的"天行健，君子以自强不息"、孔子的"发愤忘食，乐以忘忧，不知老之将至"、荀子的"锲而不舍，金石可镂"、诸葛亮的"鞠躬尽瘁，死而后已"等，在历史上极大地激发了敬业主体的主观能动性，造就了中华民族自力更生、奋发图强、顽强拼搏的工作精神和敬业传统。《孟子》曰："天将降大任于是人也，必先苦其心志，劳其筋骨，饿其体肤，空乏其身，行拂乱其所为，所以动心忍性，曾益其所不能。"《荀子》曰："骐骥一跃，不能十步；驽马十驾，功在不舍。锲而舍之，朽木不折；锲而不舍，金石可镂。"王勃在《滕王阁序》中写道："穷且益坚，不坠青云之志。"暂时的困窘反而会磨炼一个人的意志，使人坚定自己的理想志向，而这个人一旦获得机会，就会直上青云，取得成功。只要理想坚定而高远，那么一时的窘迫不过是成功的试金石。颜迈撰写对联赞扬蒲松龄的坚韧意志，曰："有志者，事竟成，破釜沉舟，百二秦关终属楚。苦心人，天不负，卧薪尝胆，三千越甲可吞吴。"这句话表现出的是一种强烈的自信与坚定的意志，在追求远大抱负的过程中难免会遭遇磨难，然而这些磨难并不能真正打垮一个人，相反，前进路上的磨难反而会磨炼一个人的意志，砥砺一个人的品格，最终让人实现自己的理想事业。

（四）勤勉努力、精益求精的职业态度

勤劳是中华民族的传统美德，勤勉努力是最基本的职业态度。"勤"是指勤于职守、勤勉努力，以求业务的炉火纯青。"业精于勤""勤则不匮"，这是一种外在的敬业践行。勤根据不同职业有不同的要求。执政者应勤勉国事，维护统治；而对于广大人民来说，应辛勤生产，创造社会物质财富。唐宋八大家之一的韩愈曾经在他的《进学解》中提出："业精于勤，荒于嬉。"学业因为勤奋学习而日渐精微，因为嬉戏玩乐而有所荒废。学如逆水行舟，不进则退，勤学不能是一时的，应长久地将勤学的优良传统坚持下去。

关于职业技能，无论人们从事何种行业，只有具备精湛的技术才能优质地、高质量地完成本职工作。古人对敬业主体的业务素质也提出了更高的要求。"志

于道,据于德,依于仁,游于艺。"从业者不仅要有高尚的道德情操,还要"游于艺",即具备高超的技能。合格的君子应当德才兼备、既贤且能。在细节上追求完美体现的是一种专业化品质,是一种职业操守。"工欲善其事,必先利其器""苟日新,日日新,又日新",只有具备精益求精的职业操守的人,才能具有完美的工作表现,达到"技可进乎道,艺可通乎神"的境界。

(五)重义轻利、诚信不欺的职业作风

义就是道德、道义、至善等,利就是经济利益、政治利益等。职业活动首先是以保障日常物质生活为目的的,谋生逐利是职业生活的应有之意。然而,在逐利的过程中不可避免地会遇到与道义相冲突的情况。无论是在古代还是在现代,人们在职业生活中都会面临义与利的选择问题。义与利既相互冲突,又相互整合,代表着不同社会主体在既定社会背景下的价值追求和价值选择。

在中国历史上,义利之辨由来已久。对义与利的关系的讨论贯穿了中国学术文化史的全过程,从先秦的孔子、孟子,到西汉的董仲舒,再到宋明时期的程颐、程颢、朱熹、陆九渊、王阳明,传统义利观可谓一脉相承。从价值取向上来看,重义轻利论是中国传统伦理文化的主流,以孔孟儒家为代表。"不义而富且贵,于我如浮云。"遇到个人利益时,必须先考虑这种个人利益的取得是否符合道德原则,即孔子所说的"见利思义"。如果不符合道德原则,对于孔子来说,富贵也无足轻重。孔子说的"放于利而行,多怨",就是说如果一个人只关心自己的个人利益,放纵地追求自己的私利,那么他一定会引起很多人的不满。在孔子看来,"君子义以为上",道德的价值远高于物质的价值。从儒家的义利观可以看出,敬业要求人们从义出发,当出现个人利益与他人利益、集体利益相冲突的情形时,要兼顾他人和集体的利益,发扬利他精神。这种义利观突出表现在从政者身上,要求为官者要处理好"公"与"私"的关系,不能置民众于水火之中而不顾,要保持清正廉洁、两袖清风的职业作风。古人主张"毋为财货迷",坚持"去贪欲"的职业道德理念,曾国藩训诫子孙为官"不应存当官发财之私念"。为官者一旦汲汲于名利,抵挡不住钱财利益的诱惑,心中便装不下公义与人民。

重义价值观的另一个表现就是诚信不欺。"有所许诺,纤毫必偿,有所期约,时刻不易。"中华传统文化强调一诺千金,言出必行。诚信不欺的职业作风在中国传统社会职业中尤为重要。"信者储也",从字形来看,"储"是由"信"和"者"组成的,意为只有诚实守信的人才能积累财富。事实证明,也正是诚信精神造就了古代的商业巨贾,良好的信用是他们家业兴隆、财富日增的重要因素。

第四章 当代传统文化与大学生职业素质教育

第二节 当代职业素质构成及职业素质要求

一、职业素质概念界定

（一）职业的概念

职业是社会分工，通过技能和知识来换取相应的报酬。职业是人们谋生的一种工作，承担一定的责任和义务。从人力资源角度来看，职业是按不同类型划分的劳动岗位。有人将职业分为现实型、调查型、艺术型、社会型、企业家型、传统型，还有人将职业分为操作型、艺术型、教育型、服务型、经营管理型、社交型等。企业人员一般分为三大类，即管理人员、技术人员和一般职工。管理人员是指那些从事企业经营管理活动的人员，包括高层管理人员、中层管理人员和基层管理人员。技术人员是指那些工程师、科研开发人员、技术员等从事新品开发、技术创新、产品检测、技术指导等工作的各类人员。一般职工是指企业生产、服务人员，如一线工人、各职能部门的一般工作人员、公关与销售人员等。

在我国，职业一词最早见于《国语·鲁语》："昔吾先王克商，通道于九夷百蛮，使各以其方贿来贡，使勿忘职业。"意思是从前武王能够赏赐部下，使南北道路畅通，让南北进贡自己国内的珍宝，让南北不敢忘记自己的本职操守。发展至今，职业指个人服务社会并作为主要生活来源的工作，即职场上的专门行业，是对劳动的分类。职业是社会分工的产物，在商品经济发达的社会中，通常指具有一定专长的社会性工作。职业是一个行业，如教师、工人、技术工程师、军人、清洁工、记者、咨询师、演员、作家等，都是职业的名称；是有劳动能力的人为生活而发挥个人能力并为社会做贡献的持续性活动；是劳动者由于稳定地从事某项有酬工作而获得的劳动角色，是一种社会劳动岗位；是在业人员所从事有偿工作的种类。

（二）素质的概念

何为素质？素质是一个人在社会生活中思想与行为的具体表现。素质是素养和品质，受到先天和后天的影响。先天主要是指一些生理特点，可以通过遗传获得。后天主要是通过不同阶段的教育获得。品质包括道德、心理和生理等品质，可以通过不断学习来提高。素养则是内在和外在的统一，可以通过不断塑造和锻炼来提升。所以人的素质是以先天为基础，通过后天培养形成的。素质是判断一个人是否胜任某项工作的起点，是决定并区别绩效差异的个人特征。

（三）职业素质的概念

1.职业素质的概念

职业素质是职业活动中的一种基本品质，是在教育和劳动中逐渐形成的。《全国职工素质建设工程五年规划（2015年—2019年）》提出到2020年我国人才发展的战略目标是培养一批高素质人才队伍，提高国家的人才竞争力，我国进入21世纪中期奠定人才基础。不同的职业，职业素质是不同的。一个人的职业素质是在长期工作过程中日积月累形成的，具有相对的稳定性。职业素质的三大核心要素是职业信念、职业知识技能、职业行为习惯。信念可以调整，技能可以提升，要让正确的信念、良好的技能发挥作用就需要不断地练习从而成为一种习惯。

职业信念对人的职业行为起着引导作用。职业信念不仅决定了人生事业的成败，而且还决定了成就大小，是人们的世界观、人生观和价值观在职业奋斗目标上的集中体现。树立了正确的职业信念，会激发内心的意志。职业知识技能是指为了完成工作，需要具备广泛的知识范围和复杂的知识结构在一定的职业环境中处理工作问题的能力，知识技能不是生来具有的，而是在生活环境中学习而来的，知识和技能是让从业者能够很快或者立即上手工作的条件，在职业中发挥着最根本的支撑作用。

良好的职业行为习惯无疑是做好工作的前提条件，行为是指受思想支配而表现出来的活动，习惯则是指长时间养成的工作方式，在工作中，行为习惯决定能否高效率、高质量地完成工作。

一些学者认为，职业素养的核心是行为上的规范化，只有充分内化之后的行为才能作为员工的职业素养表现。有学者站在职业认同的视角，运用民族志方法深入研究职业素养的内化问题，认为职业认同会造成工作实践和过程的类似。

2.职业素质的特征

职业素质大致具有以下几个方面的特征。

（1）职业性

职业性质不同，其职业素质的内涵自然也不相同。比如在社会上，体育教师与私人健身教练的职业素质就有很大的差别。

第四章　当代传统文化与大学生职业素质教育

（2）稳定性

职业素质的形成要经过长年累月的工作，形成之后具有一定的稳定性，很难快速改变。

（3）内在性

职业人员在长期的工作过程中，通过自我学习、自我认知、自我体验，会对事物的正误有一个明确的评判标准。这样有意识地对心理品质进行自我评判，会升华职业素养。

（4）整体性

一个从业工作者的职业素质不单单指他的思想政治素质和职业道德素质，还应包含科学文化素质、专业技能素质以及身体心理素质。所以职业素质要从多方面来考察，整体性的特点也就由此体现出来了。

（5）发展性

"物竞天择，适者生存。"为了更好地适应社会发展人们需要不断提高自身素质。所以，职业素质一个很重要的特征是发展性。

二、职业素质的构成

（一）职业道德

"道德"这一词语，最早出现于《道德经》。道家思想中的"道"不仅指宇宙之道、自然之道，也指个体修行之道，主张个人行动与自然规律及法则和谐统一，不能违反自然规律。"德"不仅指德行，也指一个人对人生和世界的基本态度、做事时的基本心态和方法以及与他人相处的准则。在春秋时期，"道"与"德"分别用于形容自然与人类行为，并无"道德"这一概念，"道"与"德"也没有连起来运用。而到了战国时期儒家学派代表人物荀子将二者结合起来，提出"道德"一词，将"道"与"德"的含义结合起来并使用，并指出自然法则与个人修养结合起来就能达到极致，提出学礼对于提高道德具有重要作用，强调学习可以使人懂得礼仪，从而达到"道德之极"。"道"寓于人们的行为规范之中，为人们的实践提供了标准，让人们在实践中有规律可循并按照客观规律办事，是一种最高准则。而"德"则是行为主体对"道"的理解，在实践过程中内化于人的品质并上升为思想觉悟，是"道"的最终目的和归宿。因此，"道"是"德"的基础，为"德"的践行指明了方向，而"德"则是"道"的具体表现和最终目的，两者是辩证统一的。随着时代的发展，道德的内涵也在发生变化，被打上了历史的烙印，赋予了时代特色。

年龄不同、环境不同以及经历不同的人会具有不同的道德水平，但大多数人都崇尚公平、正义、积极的道德理念，社会主流道德理念也必须被大多数人认可才能推行。孟子根据人们的主要伦理活动将道德的内容分为四个方面，即恻隐、辞让、羞愧和是非，人们在评价事物时，从这四个方面进行思考和比较，从而产生不同的道德认知。人之初，性本善，每个人都是拥有良知的，但由于年龄的增长和经历的不同，这种良知会不断受到冲击和影响，因此必须经常学习和反思才能保持善念。

道德对于事件的发展并不起决定性作用，无德者成功、有德者失败的事在历史中都曾出现过。但社会秩序的正常运行、人类社会的进步发展都离不开道德的运作，正确的道德观只有被政府机关大力弘扬、被社会成员普遍接受，经济活动才能井然有序，人民才能安居乐业，社会才能向前发展；错误的道德观如果占据社会主流，并被许多人尤其是青少年接受和奉行，那么即便物质生活富足，也必将导致无数罪恶和悲剧的产生。

我们也可以用"职业伦理"这个概念来对"职业道德"进行全面科学的研究与把握。伦理（Ethics）由古希腊词汇"Ethos"发展演变而来，意思是风俗、习惯。道德（Morality）最早源于拉丁词汇"Moress"，也是指风俗、习惯，后来又演变为性格、本心、品行等多重意思。在我国"伦"和"理"在《诗经》《尚书》《易经》等书中多次使用，伦指人伦，礼指周礼。西汉礼学家戴圣主持编写的《礼记》一书首次将"伦""理"二字合用，意在强调伦理是以道德为基础来调整人与人的社会关系的人伦规范。

由于出现了社会分工，在奴隶社会时期就分化出了不同的社会阶层，并出现了职业道德。在古希腊时期，被誉为西方医学之父的医师西波可拉底提出了医生应该具有公平等职业道德。在封建社会时期，职业道德进一步发展。譬如，被誉为"药王"的唐代著名药学家孙思邈在他的著作《千金方》中深刻地指出了作为一名医生应当具有高尚的医德，强调身为医者对待病人应一视同仁，应时刻保持思想的纯净，常常反思自己。在资本主义社会，随着社会分工的具体化，职业道德越来越具有多样性，多元的价值观在社会上并存。因缺乏核心价值观的引导，片面追求利益的现象愈发猖獗，从而造成了社会价值观的混乱不堪以及人们行为的失范，混乱的思想在职业道德建设层面展现得淋漓尽致。总而言之，资本主义经济的快速发展并没有使道德也得到等量的发展，反而出现了道德严重滞后的情况，导致职业道德走向极端。

德国著名思想家马克斯·韦伯（Max Weber）在《新教伦理与资本主义精神》中将伦理视域下人们的职业精神状况进行了具体阐释。他认为人们在职业领域中的职业行为各式各样，职业伦理是对这些职业行为进行约束的行为规范，这样的"行为规范"是基于"伦理"所灌输的责任和义务。武汉大学贾玉敏教授指出"职业道德是指从事一定职业的人在职业活动中应当遵循、承担的具有职业特征的行为准则、道德要求、道德责任、道德规范的总和"。

根据国内外专家学者的论述，职业道德是指人们在职业活动中应该具备的思想道德准则，包括工作人员与工作对象、工作岗位与工作人员、不同行业、不同岗位之间的相互关系。比如，对于医生来说，其职责是治病救人、践行人道主义，那么身为一名医生就要用心为自己的病人服务，与其他医生和其他单位通力合作；教师的职责是解答困惑，教书育人，那么身为一名教师就要用心教育自己的学生，并且与其他教师和学生家长配合，使学生得到全面发展；法官的基本职业道德要求是大公无私、公正廉明，那么身为一名法官就要依法公正审理每一桩案件，公正对待每一个被审判者，不能收受贿赂，区别对待。这些职业道德规范用来约束每个从业者的职业行为，使得工作有序开展，推动社会有序发展。

（二）职业意识

21世纪以来，随着社会经济的快速发展，用人单位对人才的要求也在不断提高，作为即将进入社会的人员，大学生的职业意识受到越来越多的关注，职业意识教育研究的问题也被提上了日程。

目前，中国学者对职业意识的定义各不相同，但都包括心理学、社会学和意识形态三个维度。首先，从心理学的角度来看，大部分心理学家认为职业意识是一种自我概念，与个体如何制定与实现职业目标有着密切的联系。它属于职业心理结构中的控制体系，职业意识的概念被定位为一种心理认知和心理能力。学者谭卫华在2001年提出，职业意识是指对个人在职业定向和职业选择过程中对自己以及未来职业的状况的期望和理解。这种定义强调的是职业意识的成因和心理导向。学者周友秀在2005年提出，职业意识主要包括职业能力和职业道德两个方面，她在谭卫华的基础之上，进一步展开了阐释。她认为，从心理学的角度来看，职业意识是在心理认知与能力的基础上，即职业定位与期望、职业风险和调适意识、职业价值观构成了职业意识。此外，还有一位学者陆庆生认为，职业意识是由多种心理成分组成，包括职业理解、职业评估、职业情感和态度。

其次，从社会学的角度来看，职业意识与职业紧密相连，强调二者的关系也

就是突出说明职业意识的社会功能。学者提东在2003年提到,职业意识是一种用于自我调节的力量,有助于个人胜任未来的职业工作,也是个体在学习活动中的动力和价值追求的体现。学者祝林娜在2006年指出了职业意识的定义,她认为职业意识是一个调节器,适用于个体全部的职业工作及行为活动,凝结着人们对于专业化劳动的知、情、意,并阐明职业意识具有社会调控功能。

最后,在意识形态的维度中,它综合了前面两种角度。许晟等人分别在2006年和2007年撰写的文章中强调,职业意识是一种多维度的思想形态,它是在职业环境中所形成的,是对职业的认识、情感、态度的总和。如果把职业意识拆分成多个结构,那么它的基础就是关于职业的基本知识和信息,核心是职业价值观,助推力是对职业所产生的情感态度,落脚点是择业与就业指导,而职业理想则是未来将要实现的最高目标。

综上所述,职业意识是人们对某种职业主观性、体验性的认识,对某种职业的认同程度会影响人们对待职业的态度并且外显为职业上的行为方式。因此,对于"职业意识"的定义不能离开职业,由于职业类别的差异性和特殊性,个体的职业意识是共性与个性的辩证统一。职业意识是一个调节器,适用于个体全部的职业工作及其行为活动,凝结着人们对于专业化劳动的知、情、意。在国外的心理学家看来,职业意识的产生与形成不是突如其来的,相反,它经历了从幻想到现实的生成和发展过程,是从模糊到清晰、从摆动到稳定、从远到近发展而来的。其实,职业意识就是人们对于职业所持有的观点及态度,包括基本认识和价值取向。因此,职业意识是基于职业角度的意识。

(三)职业理想

职业是个人与社会建立联系的一种手段;理想作为一种个体意识和精神活动,反映了现代社会中人们对未来的向往和追寻,指导着人们的行为与实践。在人生的成长之路上,一个人所确立并且追求的理想内容对自身的发展具有十分重大的意义。作为一座连接个人理想和社会理想的桥梁,职业理想的逐步形成主要建立在各种主客观条件相互影响并产生积极作用的基础上,充分体现了个体对未来所需要从事的职业范畴的信仰和追求,其中包括对未来的工作属性、工作类型、工作领域和职业生涯的发展方向等的设计与规划。

个体的职业理想反映了个人对未来职业的认知和期望,个体可以通过对职业的认同与选择、职业目标的定向与期望、职业信念与价值观念等来进行衡量,并实施职业规划与设计来实现职业理想。为此,个体的职业理想受到职业认知和规划、职业动机、职业兴趣、职业情感、职业信心、职业价值等诸多因素的影响，决定了个体的未来职业人生规划的前景。

职业理想的内涵主要包含以下六个方面的内容。一是职业认知和规划。职业认知是职业理想形成和发展的重要因素，它是个体对职业的整体认识和职业发展规律的把握。职业规划则主要是个体对职业目标和职业成就的想象和设计。二是职业动机与信心。职业动机常常是立足于个体的职业需要的内在驱动力。职业信心则是指个人对于自身能否达到职业目标的信心程度。二者被认为是构成个体职业理想的重要心理因素。三是职业兴趣。职业兴趣主要是个体对于自身兴趣在其职业方面的表达形式，它主要是指人们对某一职业活动的相对稳定、持久的一种心理倾向，能够促进个人对某一职业给予优先关注与热爱向往。职业兴趣对于个人的职业生涯和实践活动有着极大的推动作用。四是职业情感，职业情感表现为个体对某一特定职业所产生的兴趣、热爱等内在倾向及其情感依恋。五是职业价值观。职业价值观是一种个人价值观在职业人生、职业方向和目标上的集中体现和反映。职业价值观是职业理想的深层内涵，是职业理想的指引，而职业理想则是职业价值观的最高表现形式。六是个体对未来工作的类型、部门及地点等方面的选择和设想。任何一种职业理想都应该基于以职业活动为依托的社会实践。

（四）职业态度

国外学者很早就重视对"态度"的研究。在心理学范畴，斯宾塞是最初使用态度这一专业名称的心理学家，十九世纪的朗格（lange）是最早肯定态度的心理学家。朗格从专业的角度对态度展开分析，提出应重视态度的观点。他开展了大量的实验调查，得出人的心理因素会较大地影响其职业行为这一结论。心理状态积极，其职业行为表现良好，心理状态消极，其职业行为表现就差强人意。在理论和实验操作两个层面上，国外心理学家均展开了分析与研究，得到很多研究成果。

著名教育家顾明远在其主编的《教育大辞典》中提出："职业态度就是个体对其职业的深刻理解并且在行动举止反映出来的倾向。"

李环环和王永先也提出了自己的看法，他们认为职业态度不是一种单一的说法，其中包括个体对自身进行的职业定位、职业的忠诚度和自己按规定遵行职业责任的坚决性。

综上所述，职业态度就是个体对自己所涉及的行业的评判以及在行为举止方面反映出来的倾向。

(五) 职业精神

职业精神是指人在与职业相关的活动中体现出来的一种精神。

职业精神的内涵主要包括四个方面：第一，职业精神是个体在职业活动中所表现出来的心理状态，通常这种心理状态能反映出职业人对所从事的岗位的态度，在工作中是否能够发挥出自身的价值，这份工作是否能带来成就感或者创造一定的效益。第二，职业精神会受到外界环境的影响，在一个积极健康的社会环境中，职业精神会朝着好的方向发展，反之就会朝着相反的方向发展。第三，职业精神是稳定和连续的，是在生活和工作中慢慢形成的职业习惯，因此要改变职业精神不是一蹴而就的事情，需要长期的引导和培养。第四，职业精神具有调节功能，不仅能调节本职业中的若干关系，而且还能调整该职业同社会各方面的关系，既维护自己的职业信誉和职业尊严，又满足社会各方面对本职业的要求。因此，职业精神为社会的进步发展发挥着巨大的作用。

三、当代职业素质的要求

"中国创新培训第一人"吴甘霖先生，在著作《一生成就看职商》中讲述了自身从一个职场失败者最后走上成功之路的经历，由此可见"职商"对于人的事业发展的重要性。不得不承认，专业知识和专业技能对于一个人的事业发展很重要，但能否职场上取得最后的成功，最关键的却在于他所具有的职业素养。个人的职业素养决定了团队的职业素养，而团队的职业素养决定了企业是否能在不断发展的经济大潮中屹立不倒。那么现代企业对人才职业素养的要求到底有哪些？一些知名企业对于人才职业素养的要求如下。

世界百强企业之一——摩托罗拉，是全球芯片制造、电子通讯的领导者。摩托罗拉衡量人才的标准可以用 5 个 E 来解释，分别是：Envision（远见卓识、想象力），即对公司的前景和公司未来发展的技术有所了解，对公司未来有信心和有憧憬；Energy（动力、活力），即要具备一定的创造力，能为公司提供新想法新点子；具备处理突发事件的能力；Execution（执行力），这就要求具备高的职业行为能力，对于企业下达指令能行动迅速，且有条不紊地处理好；Edge（果断），即具备分辨是非的能力，较强的判断力，能够对棘手事情做出正确的决定，不给公司造成困扰；Ethics（道德），具备良好道德品质，诚实守信，值得信赖，与他人友好相处友好合作，尊重他人。由此可见，职业行为、职业技能、职业道德、职业作风都影响着一个员工是否具备较高的职业素养，也影响着企业对于人才的选择。

国际石油企业壳牌公司十分看重人的发展潜质,壳牌东北亚集团人力资源部经理及壳牌中国人力资源发展经理均表示对于壳牌员工的招聘时本着"发现我未来的老板"的态度实施招聘人才的。对于人才的衡量指标有三个:成就欲以及成就能力;人际关系能力;分析能力。成就欲指的是追求事业的前提,也就是说想成就一番事业首先要有这样的愿望或是这样的期待,接着关键还要看你是否具备实现事业的成就能力,也就是是否具备职业技能。人际关系能力并非单纯指与人如何相处,而指的是是否尊重他人、换位思考理解他人、倾听对方提的建议,是否能发挥集体力量,综合不同意见;是否能团结他人等。而分析能力则指的是对事情的高瞻远瞩、举一反三,是否能加工、分析、获取有用信息,最终得出结论。

财富500强中第十大最受赞誉的公司——宝洁公司对人才素质的要求分别有以下八个方面:诚实正直、领导能力、发展能力、专业技能、承担风险意识、积极创新能力、解决问题能力、团结协作。这八个方面均是并列,没有先后次序之分,"诚实守信""团结协作"与"专业技能"同等重要。

根据以上这些著名企业对于人才的要求,我们可以确定大学生职业素养的基本要求:一是职业意识的具备,就是对未来事业发展要有成就欲,要有清晰认识;二是职业技能的具备,专业技能要过硬,也就是具备成就能力;三是必须具备诚实可信的品质;四是团队建设大于个人发展,要有团队合作意识;五是做事讲究实效,处理事情讲究原则;六是需具备敬业精神,反对腐败之风。

第三节 传统文化融入大学生职业素质教育

一、大学生职业素质培养的意义

(一) 提升学生就业能力

国内外关于就业能力的界定主要分为两个方面:人格特质和综合素质。人格特质影响说认为就业能力源自心理——社会结构模型,强调个人对职业实现的心理动力;综合素质说则将知识、技能、情感等更加广泛的内容加入个人实现职业价值的源动力中。持人格特质说的学者认为,心理因素是影响人们就业也就是职业价值实现/职业实现的主要因素,在心理因素之下的社会结构模型与心理因素共同作用于个人，产生了宏观的就业能力外显化。持综合素质说的学者则认为，就业能力不只止步于社会——心理模型，它具有更广泛的社会需求性特征，比如有就业意图者其自身包括是否符合用工单位要求、是否具有成熟的技能、是否对工作有明朗的态度和责任心等综合素质。除以上两种经典定义外，随着时间的推移，越来越多的学者在其关于就业能力的研究中不断地丰富着就业能力的概念。有学者提出了就业能力就是创业与继续就业的能力。同时，隶属于 CBC 的学者指出就业能力是雇员所拥有的、能够达成雇主需求从而实现自己在劳动市场中的价值的技能和品质。还有学者于 1999 年更进步一步地将就业能力描述为一种以持续就业为状态，并以此状态不断进取晋升的能力。有学者提出，就业能力不能单纯地指工作所需要的技能和经验，更应该是在应用好工作所需要的技能和经验时所表现出的能力。

21 世纪初期，国内学者郑晓明首次展开关于就业能力的研究，在郑晓明的关于就业能力的相关研究中，将就业能力定义为大学毕业生在毕业前或毕业后，把校内知识逐步转变为能够符合当下就业劳动市场需求的人力资本，从而利用该人力资本实现自我的一种能力。同年，郑晓明还指出，学校应以大学生就业能力为评价办学能力的重要指标之一而进行人才培养方案的设计。在某种程度上，该观点与综合素质说有着相同的理论源。2006 年，文少保基于郑晓明的观点指出，学生的就业能力如果仅以符合劳动力市场需求为概念则显得过于抽象，因此就业能力必须进行量化，量化方向则应以校园内的学习内容及新知识攫取能力与社会/市场需求知识体系相关联的部分为导向。文少保鲜明地体现了国内学者在进行社会研究时与国外学者的区别——国内的研究更重视结果的可操作特征，而不是单纯的提出一个理念。最终在前人的不断努力下，李军凯将大学生就业能力解释为在其求职过程中的综合素质表现。李军凯在研究中则认为，就业动机、自我概念、知识技能、个人特质和就业观念才是大学生求职就业中的最主要元素。对学生来说，其就业能力主要依托于大学生的就业能力。相比于就业过程中指出的动机、自我概念、就业观念、知识技能、个人特质等，学生的就业能力在提出之初就具有先天量化好的多维度观点做铺垫，所以我们可以看到，关于大学生就业能力的概念有一个明显的理念——要素过渡期，而关于学生的就业能力概念则出生就伴随着"要素讨论"这一具体问题的。涉及的要素，包括有三要素（维）说，四要素（维）说，及五要素（维）说。

三维说，是国外学者在 2016 年提出的，包括积极有效的沟通和交流能力，专业相关的知识与技能素养，积极处理问题和勇于担当的解决问题的能力。四维说，是郭欣在2018年提出的，其通过实证研究认为大学生就业能力包括专业知识与技能、人格取向、就业发展和社会应对能力，即职业需求的知识与实践、有与职业相适应的人格特征、有对未来的规划、有面对多变环境的适应能力等。刘余镇提出五维理论，认为大学生只有在五个维度上保持优秀的能力才能不被市场淘汰，这五个能力包括职业规划能力、持续就业能力、综合素养能力、求职能力和专业知识与技能。

高校的就业教育是面向新时期的人才需求和学生的就业实际，培养学生积极主动的就业态度、正确的职业认知和全面的就业能力的一项教育活动。良好的就业教育也利于国家稳定，促进大学生职业生涯的和谐发展，使高校的发展路径与国家、社会对人才的需求规格相一致，是高校思想、行为、素质教育实践活动的重要延伸，所以，开展大学生就业教育是高校和当代大学生发展与社会发展的一致性需求。提高大学生职业素质，提升大学生的综合能力，对于就业能力的提升有着至关重要的作用。

（二）促进人的可持续发展

联合国开发计划署在其《关于人的发展报告》中指出，所谓人的可持续发展，是指人既能满足当时需要，又能保证身心和谐、均衡、持久的发展动力不受外界损害的状态。它包括了生命个体的每个因素以及整个发展历程。

职业教育的根本就是促进人的发展，过去的职业教育仅仅是制造批量的技术工人，如今的社会需要职业教育改善过去这种单一的育人方式，要真正地培养具备独立思想意识和自我超越能力的人才。虽然现代职业教育的目的是最大限度地提高劳动者的综合素质，但事实上人们通常总是对高层次的"综合发展"给予重点关注，而普通劳动者的综合素质却缺少应有的关注。因此，在提高从业者职业素养时要注意平等性及大众性，职业素养要具有普适性，要让所有人都平等地接受职业素养培养，将职业素养渗透进生活和工作中去，进而影响社会向积极的方向转变。

对于大部分刚出校门的大学生来说，入职后都需要一段较长的时间去适应公司环境、学习公司制度等，当出现相斥现象时，大部分人都会选择跳槽或转行，甚至有些人在后来的职业选择中显得束手无策，这些都是典型的缺乏职业素养的表现。提高大学生职业素养无论是对于社会的稳定发展还是对于企业自身的发展都起着重要的作用，既避免浪费宝贵的磨合时间，又有利于他们可持续发展。

二、传统文化对大学生职业素质培养的作用

中华传统文化育人能够起到非常好的效果，高校可以从中华传统文化中汲取育人的养料，在提升学生的职业素质的同时，也能够让学生加强对中华传统文化的认识，并积极传承中华传统文化。

习近平总书记一直强调，传统文化是中华民族的基因，一直存在在中国人的心中，对中国人的行为和思想都能够起到非常大的影响，而中国人的行为模式又会带着中华传统文化的影子，在点滴岁月流走之后，传统文化依然在影响着中国人民，而当代已经有很多大学生对于中华传统文化的了解仅停留在表面，不但没有意识到中华传统文化的价值，而且没有意识到中华传统文化对当代文明建设所作出的贡献。

传统文化所承载着的是我国上下五千年的文明，也为我国提供了丰富有趣的教育资源，因此，利用好中华传统文化，能够吸引到更多的学生，对职业素质教育的开展十分有利。而这几年，社会一向非常强调职业素质教育中的工匠精神教育，工匠精神的起源也是中华传统文化，无论是我国古代的工匠的精美作品还是我国古代工匠为了寻求艺术的更高境界所作出的努力都体现出了我国人民精益求精的工匠精神。

三、推动传统文化涵养大学生职业素质的路径

如何推动优秀传统文化进课堂、进学生头脑，有效涵养大学生的职业素养，是高校人才培养的重要课题。

当前的大学生热情灵活、开朗自信，也务实享乐、独立自我，从当代大学生的实际出发，把握学生的思想动态，挖掘出中华传统文化中具有现实价值的因素，是激发大学生学习兴趣的关键。

因此，一方面要赋予优秀传统文化时代感，用当代大学生喜闻乐见的形式表现出来，用现代化的语言、现代化的手段诠释传统文化的精髓，推动优秀传统文化的普及、传承、创新和发展。另一方面则要坚持以学生为主体，最大限度地调动大学生的主动性和参与性，激发大学生的内在学习动力，培养大学生的创新精神和实践能力，打造全员、全程、全方位育人的职业素质教育体系。

第四章　当代传统文化与大学生职业素质教育

（一）引导学生正确认知职业素质

1. 明确学习目的，培养良好的学习习惯

想要从事某一职业，一定要具备扎实的知识，这样学生的知识涵养才能够不断提升，进而更好地进行工作。学生在课堂上所学到的传统文化知识不足以支撑学生提升文化素养，需要利用课余休闲时间，去自主阅读和职业相关的传统文化书籍，这是一个长期积累的过程，需要源源不断的学习动力，因此教师应尽早引导学生做好职业规划，明确自己的学习目的，按照自己制定的目标不断努力，以此来激发自己的学习动力。按照终身教育理论，人的一生都应该不断地汲取知识，学生不应该只满足于在学校中取得的学历，而是应该习惯性地去提升自己的传统文化知识涵养，将学习变成生活中的一种习惯，去拓宽自己的眼界。

2. 树立正确的价值观，提升职业道德

想要提升大学生的职业道德，就要重视大学生人生观、价值观的养成，老师在教学的过程当中，不仅仅起到输送知识的作用，更多的是让学生树立正确的人生观、价值观。只有他们树立正确的人生观、价值观，他们的职业道德素养才能够有所提升。

高校应该注重职业道德的培养，将爱国主义与社会责任感、就业创业观与成才观、理想教育与职业意识等思想列入必修课程中。与此同时，提高学生诚信、感恩等的意识也十分重要，在授课过程中要重点培养学生相关方面的意识。除了普遍适用的历史、文学、艺术类课程之外，还可以结合学校的实际情况，开设具有时代特色的传统文化课程，举办丰富多彩的校园活动，形成具有人文关怀的校园文化，增强学生的荣誉感。

（二）打造全员职业素质教育平台

职业素质的培育是人才培养的核心内容，不能仅仅依靠个别课程或个别任课教师完成，必须形成全员育人的良好氛围，建立学校、家庭、社会、学生"四位一体"的育人机制，架构课堂内外、师生之间、家校之间、校社之间的教育平台。仅就高校内部而言，也要充分调动教学、管理、服务各条战线的教职员工利用传统文化推进职业素养培育的力量，以身作则、身体力行，尤其是教师群体。所谓师者，传道授业解惑也，因此教师既要言传，更需身教。

一方面，传道者自己首先要明道、信道，不论从事何种专业和课程的教学，教师都要不断完善和提高自身的理论水平、道德修养品质和传统文化素养，把外

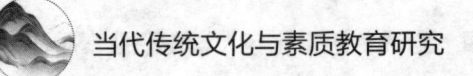

在形象与内在素质结合起来,以深厚的学识水平、精湛的教学艺术、高尚的师德师风感召和熏陶学生,以自己的言行和人格魅力影响学生。

另一方面,教师要善于挖掘优秀传统文化中的教育资源,有意识地将与专业相关的优秀传统文化融入自己的教学过程中,善于以高尚的民族精神塑造人,以优秀的文化作品鼓舞人。

(三)搭建全方位职业素质教育网络

1. 要抓好课堂教学的主渠道

课堂教学有利于对优秀传统文化和职业素养进行系统化、科学化的传授和教育,从高校实际出发,应充分利用"大学生职业发展""就业与创业"等必修课程,发挥思想政治理论课、人文素质课、心理健康教育等课程的辅助作用,合理利用专业课程的辐射作用,并大力开发优秀传统文化的选修课程,在课堂教学的主渠道中实现优秀传统文化对职业素质的涵养。

2. 加强社会实践的拓展作用

部分学生理论基础薄弱且学习意愿及能力不足,但是其实践能力和参与意愿相对较强,为此必须加强社会实践的引领作用。可以建立传统文化社团,组织丰富多彩的活动,丰富学生的业余生活;可以利用地域资源组织学生参观考察博物馆,陶冶学生情操,开阔学生的眼界;也可以结合专业历史文化,引导学生思考实践,在文化传承中增进学生的使命感、责任感。

3. 发挥校园文化的熏陶功能

在校园文化中有意识地融入优秀传统文化,有利于丰富校园文化底蕴,构建积极向上的校园文化。高校校园文化建设要为大学生创造各种与传统文化接触的机会,如校训班训的提炼和解读、教学场所的布置和命名、校园人文景观的设计、宿舍文化的建设、校园活动的开展等,要善于抓住教育契机,开展校园宣传活动,打造充满优秀传统文化的职业素质培育环境。同时,充分利用地域性传统文化因素,加强校园文化建设,增强学院的文化底蕴和文化氛围。

4. 充分利用好新媒体

新媒体的飞速发展和广泛应用,深刻地改变了当代大学生的生活和学习方式,同时也带来了高校思想政治教育的深刻变革。以微博、微信、微视频和客户端为代表的新媒体传播平台,在学生学习生活中扮演着越来越重要的角色。高校必须积极应对新媒体时代的挑战,转变教育观念,开拓新思路、挖掘新资源、抢占新阵地,调动一切积极因素,利用好新媒体这一平台,发挥好中华优秀传统文

第四章　当代传统文化与大学生职业素质教育

化对大学生职业素质的涵养功能。

要善于运用新媒体开展教育工作，解决学生的思想问题和实际问题；要抢占虚拟世界的思想阵地，创新传统文化融入职业素质教育的内容和形式；要加大网络特别是校园网管理力度，牢牢把握住网络教育的主动权。

第五章　当代传统文化与大学生人文素质教育

当代大学生肩负着民族复兴的重任，民族复兴从根本上来说是民族文化的复兴。儒家文化是中国传统文化的核心，其人文思想是人文素质教育的宝贵资源。因此，应大力弘扬儒家人文思想精华，加强对学生的人文素质教育。本章以儒家人文思想为立足点，分为儒家人文思想概述、儒家思想与大学生人文素质教育的联动、儒家思想与大学生人文素质教育的融合三部分。

第一节　儒家人文思想概述

一、儒家思想内涵、文化基础

（一）儒家思想内涵

儒家主要是指以创始人孔子为核心所发展起来的文化学派。孔子处于战乱纷争的时代，迫切希望天下太平，提倡"仁政""德治"的思想。孔子周游14国，宣扬其理念，重视对伦理道德的教育，为中国传统文化的发展奠定了坚实的基础。孔子是中国传统文化的奠基人，同时在世界文化发展中也发挥着重要的作用。孔子及儒家的思想文化伴随着中国华人漂洋过海，流入西方国家，得到了西方社会的认同，为当地的社会发展做出了重要的贡献。随着传播范围的扩大，儒家思想文化被各国人民所接受。如表5-1所示，儒家文化各时代的地位特征及代表人物思想，在中国的历史文明和文化思想中占据着重要的地位，为社会的文明、和谐发展奠定了基础。

第五章 当代传统文化与大学生人文素质教育

表 5-1 儒家文化的主要思想

时代地位	时代特征	代表人物	哲学思想
创立：春秋时期	奴隶社会瓦解	孔子	政治上："仁"的思想； 秩序上："礼"制，尊卑有序； 教育上：因材施教，全面发展。
发展：战国时期	封建社会逐步形成	孟子	主张仁政，提出"民贵君轻"思想
		荀子	施政用仁义、王道、以德治人
低潮：秦朝时期		焚书坑儒，受排斥	
正统：汉代儒学	封建社会逐步发展	董仲舒	中央集权制，"春秋大一统""罢黜百家，独尊儒术"
融合：魏晋南北朝		三教合一（儒家、道教、佛教）	
新发展：宋明理学	民族融合进一步加强	周敦颐 邵雍 张载 程颢 程颐	将忠孝节义提升到"天理"高度
		程颢 程颐 朱熹	吸收道教和佛教思想形成的新儒学，伦理观：存天理，灭人欲
		陆九渊 王守仁	心学集大成者"致良知""知行合一"
批判和继承：明末清初时期	统一多民族国家巩固和封建制度渐趋衰弱	李贽	挑战孔子权威和封建正统思想，反对封建礼教，主张追求个性和自由
		黄宗羲	"天下为主君为客"的民主思想，提出君臣平等，批判君主专制
		顾炎武	抨击君主专制，主张"经世致用"
		王夫之	否定君主专制，提出唯物主义，重视工商业发展

儒家文化历经时代的考验，结合并吸收了百家思想，才造就了现今被称为"整个中华文明的经典"的局面。儒家崇尚"仁、义、礼、智、信"，主张"中庸""民贵君轻"，建立了独特的哲学思想体系，期望实现"以人为本"的理想社会。儒家文化在各个领域都彰显着重要的文化价值，其影响主要表现在以下几

方面。

第一,道德素质方面——温良恭俭。为政以德是儒家的治国思想,儒家把"仁"放在治国理政的核心位置。"仁"在现今的解释为:一种道德范畴,指人与人之间和睦相处、相互帮助、并具有同情心等。在历史的演进中,"仁"的道德素质促成了中华民族特有的优秀品质:待人温和、心地善良、勤俭节约等。"仁"对公民的道德建设具有积极的指引作用。

第二,教育理念方面——因材施教。儒家的教育思想不仅强调了学习的重要性和终身性,更强调针对学者的能力、性格、志趣等实行不同的教育方式。朱熹说"问渠那得清如许,为有源头活水来",提出了"知行合一"观点,不仅要提高认识,更应该注重实践。这种教育理念对于解决现今学校的教学方式与社会需求脱节的问题有重要的借鉴意义。

第三,治国理政方面——天下归仁。子曰:"为政以德,譬如北辰,居其所而众星共之。"意思是:依靠道德教化来治国理政,管理者就像北极星一样,稳居其位,所有的星辰都围绕着它来运转,同时管理者也需明白自己所要担任的职责范围,并认真执行。孔子主张治理国家要把政治和道德联系起来,实行仁政,这样不仅能得到人民的拥护,也可以达到教化民众的目的,一举两得。因此"仁政"和"德治"对当今的政治管理仍有借鉴意义。

第四,公序良俗方面——与人为善。儒家提倡"仁、义、礼、智、信"的社会现状,"大同理想"为中华民族勾画出一幅"和谐社会"的蓝图。《论语》中"礼之用,和为贵"的思想,对社会和谐及秩序管理起着重要的作用。在儒家倡导的社会主义价值追求中,人是一切的主体。社会的安定、国家的稳固,基础在于人,是一种"天人合一"的哲学。

(二)儒家思想根植的历史文化基础

以儒家思想为主流的中国传统文化具有鲜明的经验性和人情化的特征,这样一种文化深深植根于中国的农业文明,张岱年先生曾断言:"在中国占主导地位的传统文化,无论是物质的,还是精神的,都是建立在农业生产的基础上的。"因而,对农本社会的解读是了解中国历史与中国文化的关键所在。

中国自古就是农业大国,因此中国具有成熟的农业文明,中国人的日常生活自古以来便具有超稳定的特质,这种特质又不可避免地作用于经济、社会生产领域,内化于人们的灵魂深处,外化为人们的行为。

古代的绝大多数中国人从出生开始就生活在"家庭"这个封闭的环境中,中

第五章　当代传统文化与大学生人文素质教育

国古代的社会结构具有明显的家族向心性，而这种家族向心性在很大程度上是儒家文化发展的产物。人们遵循着儒家的文化模式，严格遵守"君臣、父子、夫妇、昆弟、朋友"的五伦礼仪规范，秉持着"重义轻利""制民之产""官本位"的观念，造成了自给自足、重农抑商的经济状况。具有鲜明自然性、经验性和人情化特征的儒家思想又蕴含着"以过去为定向"、抑制内在理性反思的、趋于保守的文化精神，渗透到非日常的社会活动和精神生产活动，直接影响着人们的价值选择。

1. 自给自足的小农经济

卡尔·马克思（Karl Marx）认为所谓的小农经济也就是"农业小生产"，这里的所说的小生产换句话说就是具有小规模性质的生产经营，也就是在一小块的个人拥有的土地上，进行简单的个人劳动生产。在这里，马克思强调了两点：第一是土地私有制，使小农能够拥有劳动产品；第二，在这种小规模性质的生产过程中，除了简单的农作之外，没有更多的且更加细化的社会分工和协作。

中国是农业文明的最早发祥地之一，同世界其他农业文明相比，中国的农业文明更加成熟和稳定。这样的成熟性和稳定性不仅表现为中国农业文明历史之悠久，更体现在它独特的文明结构、成熟的内在文化机理以及建基于其上的全部社会生活和社会运行机制。纵观中国古代史，不难发现，无论在民众的日常生活、经济交往、政治活动抑或是精神创造领域，都充斥着家族、礼俗等自然体系及其文化模式的力量。必须指出，成熟的农本社会和发达的日常生活世界之间的联系不是偶然的，而是必然的。中国自给自足的小农经济发展历程对儒家思想的形成和文化模式产生了十分重要的影响。

2. 家国同构的伦理政治文化

家国同构是中国古代社会的一个重要特征，它是中国古代特定历史条件下的产物。它以血缘关系为基础，实质是依据血缘亲疏来建构"差序格局"的政治体系。中国人的家庭观念尤为突出，这种家庭观念直接植根于以自然经济为基础的家庭本位的社会结构，这种观念又形成了发达的血缘性社会结构和文化。中国古代社会形成的自发的伦理规范和礼俗体系又以这种情感和血缘关系为基础。建基于天然关系形成的家庭、村落不仅仅是是一种社会单位，更是强有力的文化规范体系和行为调节体系。

总的来讲，家国同构的伦理政治文化是伦理思想尤其指儒家伦理思想与政治制度的有机结合，它使中国传统文化具有了"实用理性"的性质，避免了陷入宗教迷狂的幻想，造就了儒家思想重现世、轻来世，重人事、轻鬼神的实践品质。

3..群体本位的价值取向

我国先民已经意识到个人在自然面前的渺小，只有群居才能获取力量。在中国长期农业文明的背景下，统治者和知识分子普遍认识到了"民"的重要性，先秦时期便已出现了民本思想的萌芽，孟子曾提出"民为贵，社稷次之，君为轻"的主张。在传统的儒家思想中，"民"并非现代意义上所说的独立的个人，而是指以家庭、家族或是以国家为单位的群体。《荀子·王制》："人能群，彼不能群也"，这里的"群"取聚集意；《易传·系辞上》说道："鸟以类聚，物以群分"，"群"在这里指根据种属关系集合成的"众"。在儒家的思想体系中，"群"主要有两方面的含义：第一，表示同类人或事物的聚合；第二，表示与其他种类的区别。

中国传统文化以社会群体为价值主体，形成了一种群体本位的价值体系。取得社会群体的和谐是目的，社会群体被看作产生一切价值的根源，社会群体成了产生文化价值的形而上学依据。自先秦始，儒家所倡导的"内圣外王"的路径就是将天下、国家视为个体生命的延展，"格物、致知、诚意、正心、修身、齐家、治国、平天下"就是个人价值在社会群体层面的实现。儒家群体至上的理念就是指要靠道德观念来维系社会群体，以期提高群体间和群体内部的凝聚力，一方面，有利于个体道德人格的培养和个体主体性的发扬；另一方面，有助于使群体互助互爱、互相协作，增强人与人之间的凝聚力，促进社会和谐发展。

自在的日常生活世界和自觉的非日常生活世界的自在化共同构成了中国传统社会的超稳定的文化结构和文化模式。中国传统日常生活的内在结构和基本图式具有鲜明的群体本位特色，这一图式包含着许多对中国古代的经济制度与经济运行机制起支配作用的文化价值体系和行为规范体系。

（1）对经济制度的影响

一方面，由群体本位衍生而来的差序格局和重义轻利的道德价值观对商品经济的发展具有天然的阻滞作用，另一方面，对"义"的追求使人们贬低逐"利"行为的道德合法性，同时在农本思想的指导下，统治者往往采取将农民固定在土地上的政策，阻碍了人口流动与商品流通，进而加重了自然经济的稳定性。

群体本位的价值取向在注重人与人之间的交往关系的同时，更加强调交往应该在一定的秩序——即"礼"的规范下进行，儒家思想强调人的行为应该在方方面面符合礼的规范，以此来实现人与人之间的交往以及社会秩序的和谐。

（2）对经济运行机制的影响

群体本位的价值取向使中国农本社会的传统日常生活在强有力的人情关系网络中运行，通过相关分析不难看出，人情化的思维模式导致了人与人交往的和谐和经济运行的稳定，但是，这一观念同时也使社会经济运行趋于僵化。费孝通描述了中国传统小农经济下的人情社会的特征："在西洋社会里争的是权利，而在我们却是攀关系，讲交情。"人情化的经济交往使古代中国长期处于血缘经济与地缘经济中，人情化的经济主体行为造就了经济运行中的官本位思想，一方面，管理者通过人情化的手段选拔人才，容易导致任人唯亲的局面和经济体系中的裙带化；另一方面，处于统治阶级和管理阶层的人们会自觉或不自觉地通过手中的特权对经济运行施以影响。

人们自觉或不自觉地生活在日常生活世界之中，尽管中国在现代化进程的道路上已经走了一百多年，虽然我们在信息化与全球化的进程中已经走过了很长的一段路，但农业社会的基础和文化基因并没有因为受到现代化的冲击而发生本质性的变化，它仍然作为一种成熟的农业文明继续存在。要想全面确立与我国传统文化模式根本不同的现代市场经济，必然要破除或者改变传统日常生活世界的前现代的文化模式。

二、儒家人文思想的内涵

由儒家思想的核心内容可知，儒家关注的是人，而非同时代西方关注的神灵，因此，儒家思想的核心是人文思想。

儒家以特有的方式关注着人及其发展，它以伦理化的人文世界和人生观看待世界和人生。《论语》提炼和阐述了儒家人文思想的内涵，形成了以"仁""礼"为核心内容的伦理性人文思想。

《论语》是孔子和弟子及其再传弟子们共同编撰而成的语录结集。全书共计20篇492章，以语录体为主，叙事体为辅，主要记录孔子及其弟子的言行。《论语》多为语录，语句、篇章形象且生动。《孔子语录》中主要结合论语进行解读，大致分为6个篇章，分别为：道德篇、修养篇、治政之道、处世之道、学习教育、人生哲理等，主要针对儒家思想进行的解读。

世间有"半部《论语》治天下"的赞誉，可想而知《论语》中所蕴含的文化和智慧在古今中外所具有的影响力有多大。孔子"仁爱万物"的道德思想强化了人在自然社会中的主体地位，倡导万物平等。

在个人修养中强调自身的问题，例如，"见贤思齐焉，见不贤而内自省也"，自身修养的养成需要时常自我反思和总结。在治理国家方面讲求"天下归仁、为政以德、齐之以礼"，实行"仁政"是孔子治理国家的出发点和归宿，"德治"则是治理国家的方法。孔子把"躬自厚而薄责于人"作为处世之道，追求的是人与人之间的互信、宽容。

在教育中采用"因材施教"的理念,遵循学生的身心发展规律,并在教育中融入"爱",用心去教育每一个学生,并对学习态度提出了一定的见解。论语中"敏而好学,不耻下问""学而不思则罔,思而不学则殆"则是对学习态度的解释。儒家文化的影响深远,在日常生活中,儒家文化标语的设立宣扬了人文精神。

此外,儒家"五常"思想也体现了儒家人文思想的内涵。儒家"五常"为"仁、义、礼、智、信",它所弘扬的价值观主要作用在道德人性中。中国传统人文精神的传承可以促进人格塑造和价值观的培养,加深主体"人"对儒家五常的认知,增强"五常"的价值观在社会中的作用。儒家"五常"的价值在于能有效使个体生命发展,在社会中发挥自身的价值,使得社会和谐发展。儒家"五常"作为高度概括和抽象的基本道德理念,是做人的根本,也是成家立业、治国理政的根基,有利于构筑人与人、人与社会、国与国之间和谐相处的"命运共同体",推动人、自然、社会融洽相处、统筹发展,追求共同体思想、共同体智慧、共同体行为的有机统一性,共筑"人类命运共同体"的新常态。

与西方人文主义相比,儒家人文思想更有利于实现人与人、人与自然的和谐。儒家人文思想是与天道自然观相贯通的,是人性的规则与宇宙秩序的契合。儒家人文思想重直觉体验,追求和谐,有利于人与人的和谐共处,有利于社会的安宁,也有利于人自身不断追求更高层次的和谐,达到"天人合一"的最高境界。

第二节 儒家思想与大学生人文素质教育的联动

一、儒家思想为人文素质教育提供丰富的精神资源

新时代下,高校不仅要培养专业技能强的科技类人才,也要重视人文素养的培育,儒家思想中所蕴含的仁爱、孝悌忠恕、重义轻利、诚实守信、自省自克、自强不息等优秀思想为大学生人文素质教育提供了丰富的教育资源和教育方法论。

第五章　当代传统文化与大学生人文素质教育

（一）仁爱精神

"立德树人"是高校人文素质教育的重要内容，高校应坚持"以人为本"的中心思想，不断提升大学生的人文素质，促进大学生的全面发展。人文精神正是儒家文化的主要特点，其理论源于"天地之间，人为贵"的思想。儒家先贤孔子曾提出仁者爱人之思想，孟子进一步传达了人既要爱自己的亲人，也要爱他人的思想，传承和弘扬了儒家的仁爱精神。

"仁者爱人"的具体表现：其一，于内须恪守孝悌之道，即在家应孝顺父母，身为儿女尽孝时要注意方式方法，容色愉悦，以礼行孝，生活中不仅要满足其物质需求，更要尊重父母人格，注重精神慰藉；兄弟之间要弟尊兄，兄爱弟，笃爱和睦，互相勉励。其二，于外须遵守忠恕之道。要己所不欲，勿施于人，以自己之心推及他人之心，善于为他人着想，将心比心。

儒家的这种以人为本、团结友善、宽容待人的良好品质有利于提升当代大学生的人文情怀，有助于促进学生之间的友好相处、平等相待，为新时期的大学生人文素质教育开辟了新路径。

（二）尊礼守礼

儒家文化是孔子为恢复周礼所创，孔子这一生都非常重视礼，他自身也尊礼守礼。何为"礼"呢？在儒家看来，礼就是人刻意对自己的行为进行克制与约束，从而使自己的所作所为都符合规范。

关于礼的具体表现形式，孔子有这些描述："恭而无礼则劳，慎而无礼则葸……"这句话强调了礼的重要性，若无礼之规范约束，恭、慎、勇、直的德性也会遭到败坏。"为仁由己，而由人乎哉？"孔子认为实行仁德，在于自己而不在于他人，只有发自内心的道德自觉，才会遵从礼的规范。可以说，"仁"即"爱人"和"守礼"的统一，只有这样才能保持仁德，成为仁者。

（三）和合为贵

中国人自古以来就崇尚中庸之道，追求和合，具有和为贵的民族意识，这体现了一种顾全大局的理念。大至一个国家、一个民族，小到一个家庭，最好的局面就是和睦，最可贵的局面就是人与自然和谐共处，实现生态和谐。

和谐，是一个国家稳定发展的前提条件，也是发展的最终目的，因此，和谐作为国家层面的价值观写入我国核心价值观中。千百年来，人们一直在追求

"和",倡导"和",由此衍生出许多关于和的俗语和成语,如政通人和、邻里一团和、家和万事兴等都体现了儒家的和谐思想。《论语》中孔子讲"君子和而不同,小人同而不和",目的就是主张和谐,和睦相处。儒家文化中的和谐不仅体现在国家与社会层面,也反映在个人道德修养层面。这种思想对高校大学生在提升自身道德修养,保持自身内外的和谐,不断发展和完善自我等方面提供了思想理论指引。

(四)自强不息

"天行健,君子以自强不息"出自《周易》,这句话的意思是君子应努力向上,不能有丝毫的松懈停息。站在国家角度看,我们中华民族始终展现出一种自强不息的精神风貌,回望历史,中华民族自近代以来所遭受的侵略与欺凌至今仍历历在目,再看今朝,中国已经在实现中华民族伟大复兴的道路上扬帆起航,短短时间内中国发展速度之快为世界所惊叹,归根结底,要归功于我们中国人民身上所具有的自强不息的积极进取精神以及百折不挠的坚韧品质。

自强不息也儒家所崇尚的精神之一,关于自强,孔子、孟子和荀子皆有论述。孔子曰:"其为人也,发愤忘食,乐以忘忧,不知老之将至云尔。"荀子也说:"君子敬其在己者,而不慕其在天者",由此可见,儒家对个体的自强是极为重视的。当今的大学生长新时代,物质条件富裕,就很有可能滋生好逸恶劳,贪图享受的思想,所以高校在进行大学生人文素质教育时,应将这种自强不息的积极进取精神渗透其中,有助于培养当代大学生自强拼搏,敢于突破自我的精神品质。

(五)厚德载物

厚德载物与自强不息相对应,《周易》中讲:"地势坤,君子以厚德载物",意思是作为君子应像大地学习,要涵养深厚的美德与品质,才能具有容载万物的胸襟。儒家先贤孔子也曾说:"为政以德,譬如北辰居其所而众星共之。"他又称:"德不孤,必有邻"。在儒家思想中,德是君主治理国家,取得民心民力的主要方法,一个国家德行深厚,必然有其他国家愿意与之结交。子曰:"君子怀德,小人怀土"。孔子认为一个人想要成为圣贤君子,德是必要也是首要品质。

当代高校在加强大学生人文素质教育的过程中,应重视德育建设,以提升大学生的道德修养为出发点,坚持德教原则,引导大学生树立正确的道德观念,培养大学生高尚的道德情操,为社会、国家培养德才兼备的人才。

第五章 当代传统文化与大学生人文素质教育

（六）诚实守信

人无信而不立，诚实守信是我们中华民族的传统美德，是每个社会成员应遵守的行为准则和品德要求，古有商鞅立木取信，今有信义兄弟不拖欠农民工工钱，诚信的优良品质在我们中国生生不息，代代相传。

诚信是儒家的重要伦理道德范畴，在儒家文化中，诚信不仅是一个国家安身立命的根本，也是个人安身立命之基。"民无信而不立"，对于国家而言，充足的粮食和先进的装备是完全不够的，只有建立起民众对国家、对政府的信任才能维持国家制度的正常运转，才能稳固社会秩序。对于个人而言，诚信是每个人为人处事的必备品质。如何做到诚信呢？孟子讲"反身而诚，乐莫大焉"，即扪心自问是否已经内诚于心，外化于行，言行一致。诚实守信是当代大学生道德修养中的重要部分，高校对诚信教育的适当加强不仅有助于大学生在人际交往中树立良好的品德形象，更为大学生实现远大理想奠定坚实的基础。

二、儒家思想有助于大学生人文素质教育目标的实现

追求人自由而全面的发展不仅是马克思主义社会发展理论的核心和基本原则，也是教育的终极目的。当下，高校人文素质教育应注重"以人为本"的根本原则，要贴近大学生的生活，重视大学生的道德情感和心理诉求，以化解矛盾、达成共识为目标，要与现实生活接轨，符合社会发展的主旋律，培育德智体美劳全面发展的全方位人才。儒家思想中蕴含着丰富的人文素质教育资源，它注重塑造健全完善的人格以及涵养良好的品德，重视对大学生人文精神教育，这与当前高校的育人目标有契合点。

（一）有助于引导大学生树立正确的价值观

在中西文化激烈碰撞的今天，再加上社会经济正处在转型时期，资本主义的拜金主义、享乐主义等精神糟粕也应势而起。高校学生深处在这个复杂而多元化的时代，他们一方面接触到西方一些腐朽的理念，但是另一方面由于自身的不成熟而容易受到这些思想观念的影响却又不自知，在日常生活中面对一些价值判断和选择的时候有时会出现与道德偏离的状况。针对这些问题，无论是儒家践行的重义轻利的君子风范，还是"饭疏时饮水，曲肱而枕之，乐亦在其中矣"的安贫乐道精神，都有着积极的作用。在高校学生树立正确价值观的过程中，应多借鉴儒家思想的有益内核，多用儒家积极向上的思想砥砺自己，"富贵不能淫，威武

不能屈,贫贱不能移",树立起远大的志向,并以优秀人物为楷模,即使在生活中遇到价值观动摇的情况,也能从儒家思想中获取坚定信念的精神力量。

(二) 有助于大学生形成仁礼并重的处事原则

儒家文化中的"仁"与"礼"为当代大学生处理人与人之间的关系提供了可遵循的准则,孔子作为儒家学派的创始人,其思想核心是"仁"。"仁",从文字角度看,从人从二,亲也,我们可以理解为人与人之间相互友爱,能善于替他人着想。孟子也曾说过,对待别人的长辈要像对待自己的长辈一样尊敬,对待别人的孩子也要像对自己的孩子一样关爱,这样的人才能称得上真正的仁者。因此,儒家文化中所提倡的"仁者爱人"思想告诉人们不能只爱至亲之人,也要学会爱其他与自己没有血缘关系之人。在儒家文化中"仁"被赋予深厚的含义,其根本是孝,内涵是忠恕,它会针对当前大学生出现的不同情况做出不同的回答,告诉大学生在家要孝顺父母,尊兄爱弟,在外要学会己所不欲勿施于人,善于站在他人角度考虑问题,真心实意待人。

"仁"与"礼"是儒家五常中的两大部分,二者之间有着千丝万缕的关系,仁是礼要表达的具体内容,礼则是实现仁的具体形式,关于这一点,可以说礼看得见、摸得着,存在于现实生活中。孔子认为礼是仁的一种表现形式,但不能流于形式,《论语》中记录了孔子祭祀太庙时一事,其中"子入太庙,每事问"一句话体现了孔子对礼节的重视,这句话的意思是孔子对于祭祀先祖太庙这件事很是重视,竟然每件事都询问,体现了孔子对先祖及其虔诚的心,而不仅仅是拘于祭祀的形式。所以,仁与礼之间是相辅相成的,一个人内心的仁德越深厚,其外化的行为就越规范,渐渐地这种处事方法也会反馈回个体,不断促使人自觉向仁靠近。

当前高校大学生面对的社会环境和人际关系复杂,除了同学这一群体之外,还有老师、家长等各类人群,因此,学会处理人际关系十分重要。高校将儒家文化中的仁者爱人及克己守礼思想融入大学生人文素质教育中,有助于大学生形成懂礼守礼的思想意识,时刻以礼约束自身行为,促进学生与学生、学生与教师间关系的良好发展,减少摩擦与矛盾的发生。

(三) 有助于大学生养成自省自克的品德

中国人历来都很重视人们品德的养成,在我国对人全面发展的教育指导方针"德智体美劳"中,也将德居于首位。德育是高校人文素质教育中的关键环节,而儒家作为中国的主流学派，其中包含的品德教育思想对当今高校人文素质教育提供了借鉴意义。在现代人们看来，学校才是培育人们道德品行、提升道德修养的场所，而儒家则认为，提升个体道德修养，完善道德品性不仅要借助外力的引导，更重要的是基于人内心的自觉，这种自觉要靠"克己内省""慎独"去保持。

子曰："吾日三省吾身，为人谋而不忠乎……"表达了个体需要日日反省，以求思想道德的进步，又云："过则勿惮改"，告诉人们如果在内省过程中发现自身存在的问题，不要逃避，应端正自己对待不足的态度并及时改正，争取在内省改过后达到"内省不疚，夫何忧何惧"的思想状态。

孔子的"克己内省"思想，指从自我省察到发现问题再到改正问题，最终实现问心无愧。这一套理论体系拓宽了大学生学习和道德修养的路径，有助于大学生时常自我回顾，在反思中不断完善自身。

孟子则在孔子自我省察的基础上进一步提出了"反诸求己"，孟子认为，个体的行为如果没有达到满意的效果，应从自身寻找原因，例如，你爱别人，别人却不爱你，你应该反思自己是否真正做到了仁；如果你对别人尊敬，别人却不敬你，你就应该反思自己的礼节是否到位，人要善于反省自己，反省才会有成长，有进步。

慎独也是儒家个体修养的方式，何谓"慎独"呢？慎独即个体独处且无人监督时，仍能遵守内心道德，按道德规范行事。

当下有部分大学生受到利己主义思想影响，他们生活上重物质享受，轻精神追求，道德状况令人担忧。因此，高校应加强对大学生的品德素质教育，倡导儒家"自省自克"的修养方式，使大学生认识到儒家"克己内省""慎独"的好处，引导他们学习并在实践中运用，要知道，自省只有进行时，没有完成时，大学生要经历自省、完善、再自省这样一个循环往复、螺旋上升的过程，不断进行自我省察才能提升自我道德认知，从而内化为好的品德。

（四）有助于培养大学生诚实守信的品质

诚信不仅是一个人的立身之本、一个企业的立业之本，也是一个国家以屹立于世界民族之林的根基。我国十分看重对人的诚信教育，将诚信写入社会主义核心价值观的个人层面中，旨在强调诚信对个体的重要性。不仅如此，国家就推进诚信建设出台了不少政策和规章制度。

大学生属于高素质群体，就目前来看，大部分学生的诚信状况是良好、健康的，但经济全球化所带来的西方社会思潮使我国传统的诚信理念遭到冲击，也模糊了部分大学生心中的诚信观念，导致大学生群体内部出现诚信危机。我们在斥责这些失信行为的同时更应该深刻反思其背后的原因并探索解决的办法。究其原因，当前高校开设的人文素质课中对诚信的教育力度不够，与诚信相关的实践活动过少致使学生认知与实践脱钩，从而达不到教育的真正目的。

当前全社会已经形成了大力崇尚、弘扬传统文化的潮流，儒家诚信思想是传统文化的重要组成部分，高校应从儒家思想中寻求育人指引，开拓育人新径。在儒家经典古籍中，关于诚信的论述颇多。《论语》中提到："人而无信，不知其可也。大车无輗，小车无軏，其何以行之哉？"这句话以车为喻，阐述了人没有了信就像车没有轮子就无法前进的道理，告诫人们必须诚实守信，方能立足于社会。

《中庸》中讲："诚者物之始终，不诚无物。是故君子诚之为贵。"高校将儒家诚信思想融入高校思想政治课堂，有助于丰富课堂内容，激发学生兴趣，有利于站在历史角度上，把诚信教育建立在对"根源"的找寻和继承上，能让学生通过古籍去感悟古代先贤身上所具备的诚信品质，从而增强大学生的诚信意识。

（五）有助于大学生形成积极进取的态度

现代学者钱穆先生曾对儒家的处世态度做出评论，他认为儒家主张积极主动的人生态度。儒家文化中自强不息、积极进取的精神对国人安身立命、理解生命的价值和意义有着极其深刻的影响，也成了中华民族的精神底色。自强不息在《周易》中寓意君子处世应像天一样刚毅坚定，力求进步，永不停息。

孔子认为，仁人君子一定要具有坚强的意志品格和不懈的进取精神，他说："其为人也，发愤忘食，乐以忘忧，不知老之将至云尔。"孔子认为学习永无止境，不可停止，学习的快乐能冲淡饥饿和困乏，让人忘却时间，这正是孔子对自强不息精神的躬身实践。曾子说："士不可以不弘毅，任重而道远。"的确，人生路途长且有阻，任务多且繁重，没有坚毅的品质和宏大的志向是不行的。可见，儒家倡导的是积极进取的人生态度，而对那些整天碌碌无为、浪费大好时光的人们持以鄙夷态度。

儒家所追求的这种优秀品质对当代大学生形成积极进取的人生态度和自强不息的精神具有一定的促进作用。

首先，儒家认为个体的内在修养与自我超越是紧密相连的，告诫大学生要积极进取、自强不息，不能仅停留在喊口号或幻想中，如果不付诸实际行动，那无异于空中楼阁、镜花水月，大学生要在不断学习的过程中提升自我，开发智慧。

第五章 当代传统文化与大学生人文素质教育

其次,儒家在强调个体应完成内在修养的同时,也要追求外在事业的成功,这使得积极进取、自强不息不仅被看作是君子应具备的内在品质,也成为君子有所作为的外在体现,儒家文化中的这一精神特质有助于大学生在未来的社会中激流勇进、奋发向上,开拓一番事业,实现人生价值。

第三节 儒家思想与大学生人文素质教育的融合

在人文素质教育中,要引导学生多读儒家经典,从中汲取精华。这不仅需要通过开设相关课程来引导学生,而且,应将其列入大学生必读的经典书目中,交由学生自主阅读,这既能克服课时安排的限制,又能让学生在自主学习中,主动地汲取儒家文化的精华。

要引导学生主动汲取儒家文化中的精华,必须发挥教师的示范、引导作用。教师不仅应结合专业教学进行人文素质教育,自己也必须学习儒家人文经典,提高自身素质,用高尚的人格情操、丰富的人文内涵影响学生、带动学生。

在学生学习儒家文化时,教师要帮助学生了解儒家文化与当代主流文化、与西方文化的关系;要指导学生用科学的态度分析以儒家文化为核心的中国文化和西方文化,正确认识儒家文化在中华民族历史上的地位与作用,正确对待儒家文化中的精华与糟粕,并把汲取儒家思想精华同自身世界观、人生观、价值观的形成和综合素质的提高结合起来。

一、树立全面素质教育思想,推进儒家思想与人文素质教育融合

树立全面素质教育的思想是保障我国在校大学生人文素质教育的一个重要途径,一方面应更新人文素质教育理念,另一方面应提高对人文素质教育的重视程度。

(一)更新人文素质教育理念

素质教育的核心是人文教育与科学教育的交融。在新的时代背景下,高等教育因其特殊性,使得更新人文素质教育的理念变得特别重要和紧迫。正如世界著名大学麻省理工学院(MIT)办学的宗旨中:"我们需要在科学与人文之间建立更好的关系,目的是在不削弱双方广泛的人文主义的情况下,将它们融合到科学和人文学科中,以便他们能够从现代社会的障碍中找到出路。"因此,必须从根本

上认识人文素质教育在人才培养中的地位和作用,努力将其与人文科学精神融合在一起,使大学生具有崇高的人文精神和良好的科学素养,即"学习如何生存"和"学习如何做人"。人文素质教育应该形成一种以人为本的教育观念,转变单一的专业教育观,扩大素质教育范畴,增强创新能力和适应性,提高整体素质,形成专业知识与人文融合的教育理念。

学校领导、老师和学生的观念转换是更新人文教育理念的关键所在。一方面,高校的管理者要充分意识到人文教育的重要性和紧迫性,改变重能力、技术和职业教育的传统思想,树立注重人文素质教育的理念。另一方面,所有专业教师都应摒弃传统且狭义的专业教育观念和简单知识转化的观念,加强对人文社会科学的学习和指导,为大学生提供专业知识和技能培训,做到教书育人并重。

(二)提高对人文素质教育的重视程度

随着时代的发展和进步,人们对优秀人才的要求不断提高,要求大学生不仅要有扎实的专业知识,更要有深厚的人文情怀。因此,高校应更加重视人文素质教育,转变现有的传统的教育观念,树立加强素质教育的思想。高校在人才培养过程中,要进一步提高大学生对人文素质教育的学习兴趣和自主学习、自我提高的积极性,变被动学习为主动学习,从而真正实现由"要我学"到"我要学"的转变。

二、深化儒家思想与人文素质教育融合的教学改革

深化儒家思想与人文素质教育的融合,应从以下三方面改革人文素质教育。

(一)完善课程体系

完善儒家优秀传统文化课程体系能为二者的融合提供保障。

第一,理论课作为大学生学习学科理论知识的主要渠道,旨在使学生形成正确的政治方向和良好的道德品质,引导学生树立正确的三观,其课程教学目标、任务、知识的范围、深度和结构必须严格依照国家纲领性文件,但这并不代表教师要以死板的方式执行,这样容易陷入机械主义和教条主义的泥潭中。教师可以将儒家优秀传统文化与大学生人文素质教育相契合的方面融入课堂实践,借助优秀文化的奥妙给予学生自由发挥的空间,以此加深学生对理论知识的理解,实现弹性教学。

第二,高校可以直接开设儒家优秀文化课程,开设过程中,可以根据专业的不同,有的放矢地开设,如对文科类专业可以将该课程设为必修课,纳入学分制

中；理工科专业可以开设为选修课程，学生可根据兴趣爱好自行选择，这有利于满足学生的多样化需求，通过学习传统文化拓宽视野，陶冶性情。总之，理论课和儒家优秀传统文化课程应并驾齐驱，共同构建育人格局。

（二）改进教育教学方式

合适的教育手段和恰当的教学方式能够促进儒家优秀传统文化与大学生人文素质教育的高效融合。虽然二者间具备高度的契合性，但它们作为不同时代的文化已经在长期的发展和实践中形成了自己独有的风格体系。因此，要完成二者的有机融合，就必须改进教育教学方式。

1. 利用好课堂教学

课堂是教师教书育人的主渠道以及学生学习的重要场所，学校可以通过理论课堂完成教学目标，实现育人目的，教师作为主导者，要利用好课堂教学这一途径，将儒家优秀传统文化融入大学生人文素质教育，通过调动课堂气氛，激发学生学习兴趣，促进二者的融合，具体方法有以下几种。

其一，教师在课堂教学中使用最多的方式是讲授法，使用这一方法能系统高效地向学生传授大量知识。要在人文素质教学中传递儒家优秀文化的深厚底蕴，就需要教师用具有感染力、说服力的生动简洁流畅的语言向学生传达传统文化的内容，从而激发学生内心对儒家文化的认同感；教师还应该融入大学生日常的学习生活，了解学生的兴趣爱好及语言风格，走进学生内心，用学生喜闻乐见的方式进行融入式教学，教会学生用儒家的优秀文化解决自己的疑难问题。

其二，教师可以将案例教学法与专题教学法相融合，运用于课堂中。案例教学法即教师从儒家优秀传统文化中选取与本节人文素质教学内容相关的经典故事，并贯穿于授课始终，引导学生思考并分享自己看法，从而最大程度调动学生学习的主动性和积极性，活跃课堂气氛，加深学生对理论知识的理解。而专题教学法更加注重主题的明确性，因此教师要根据授课内容，设置与儒家优秀传统文化相关的主题，例如，设置"人与自然和谐共处与儒家和合为贵的逻辑关系"这样的主题，教师在课前布置问题并分小组安排查阅相关文献资料、拍照、观看视频等任务。

2. 开展教育实践活动

理论是实践的基础，实践则是学习理论的目的。正所谓读万卷书，行万里路，大学生从书本中学来的知识终究要在实践中才能内化为自身的东西。实践教育是促进儒家优秀传统文化更好地融入大学生人文素质教育的积极因素。

当前，高校可以丰富实践教育形式，开展校内实践活动或者校外研学旅行，建立融入平台。学校内部可以举办大学生诵读儒家经典的活动，并设立奖励以此来鼓励大学生诵读儒学经典，如《论语》《孟子》等经典著作，可以由专业教师引导学生诵读，使学生在这一过程中感悟儒家优秀传统文化的价值与意义，提升大学生的文化修养和品德修养。校外则组织学生开展研学旅行，例如，带领学生去儒家文化的发源地——山东曲阜，参观历史遗迹，阅览儒学古籍，让学生切身感受儒家深厚的文化底蕴，在这过程中教师须把握人文素质教育契机，让学生在领略儒家优秀传统文化博大精深的精神内涵的同时恰当地接受人文素质教育。

（三）优化教育效果评估

孔子强调"克己内省"，因此，在教学实践中，应当重视对教学效果的反思，优化教育效果评估。人文素质教育效果评估不仅能够提高人文素质教育管理的水平，而且对于完善人文素质教育体系也有重要的促进作用。人文素质教育评估是人文素质教育的组成部分，是人文素质教育效果的检验。"人文素质教育评估是教育管理过程的基本环节，是人文素质教育决策的基础，对人文素质教育起着反馈调控作用。"对大学生而言，人文素质教育效果的评估应该在大学生素质教育发展的不同时期采取不同的评价手段和方法。

一是效果评估的内容要具有全面性。将评估的重点放在高校的教学目标以及高校的人文素质等方面，应以学生为中心，对学生如何理解人文知识、如何看待高校所涉及的价值观和情感态度等内容进行全面的考察和评估，同时还要对学生在行为与习惯等方面的变化与进步进行评价。

二是要抓住评估内容的重点。在对学生进行人文素质教育效果评估时，要将学生对学科知识的态度以及对人文精神的把握作为人文素质教育效果评估的重点内容。

三是要使用多样化的评估方式。在传统教育中，应试教育存在的很多缺点使得大学生人文素质教育成为未来教育的重要部分，对大学生的人文素质教育不单单是书本上的理论知识，更是行为主体在生活中的具体实践，因此使用多样化的评估方法对教学进行评估，不仅能够考察大学生人文素质水平的高低，而且也能够提高教学的质量。除了用笔试、考试等传统形式进行评估，还可以通过答辩、进行社会实践调查以及小组讨论等形式进行综合评估。

三、构建儒家思想与人文素质教育融合的环境基础

环境是人发展的外部条件,为个体的发展提供了多种可能。孔子认为环境对人的影响是巨大的,孟母三迁的故事也说明了环境的重要性。因此,对于高校来说,营造良好的教学环境对大学生的学习进步或者品德发展具有积极的推动作用,高校应重视环境的教育作用,推动构建社会、家庭、学校三者协同合作的格局,为儒家优秀传统文化融入大学生人文素质教育提供良好的环境条件。

(一) 创建崇尚儒家思想的社会环境

大学生的发展离不开赖以生存的社会环境,社会环境会不自觉、不经意地影响大学生的思想和行为。所以社会必须率先承担起继承和弘扬儒家优秀传统文化的责任,善于将其优秀内涵与爱国精神和时代精神相融合,引导大学生正确认识儒家优秀传统文化并从中汲取养分,从而为二者的融合提供良好的外部条件。

其一,要在充分挖掘儒家优秀传统文化精髓的同时做好对大众的宣传工作。儒家优秀传统文化作为中华文化的主流,有许多"宝藏"值得当今人们进行深入研究,如将儒家的"仁义礼智信忠孝悌义"与社会主义核心价值观相融合,立足现实,立足当下,赋予儒家文化新的时代内涵;政府要组织专业人士做好整理和宣传工作,用学生喜闻乐见的方式,如开展儒家优秀文化文艺宣传活动或者举办博物馆、图书馆展览活动,为大学生了解和传承儒家优秀传统文化提供契机。

其二,打造儒家优秀传统文化产业。高校在促进二者相融合的过程中可以将其融进文化产业中,打造学生感兴趣的文化产品,例如,制作刻有儒家经典名言的书签或者个人印章,开发具有儒家文化特色的游戏产品,或者可以在电视、电影等影视产品中添加儒家文化的元素,满足大学生多样化的文化需求。

(二) 重视家庭环境的熏陶

家庭是每个孩子接受教育的最初场所,在孩子的成长发展中起着关键作用。因此,要实现儒家优秀传统文化与大学生人文素质教育的有机融合,家庭教育是不可或缺的重要一环,高校要与家庭密切联系,建立家校合作关系,家庭也应主动参与,重视在日常生活中对孩子进行儒家优秀文化的熏陶,共同营造良好的儒家优秀文化氛围,从而推动孩子良好素质的培养。

其一,父母要转变唯分数、唯成绩论的思想观念。大部分家长在孩子小的时候会通过引导孩子诵读传统诗词或者通过讲传统故事的方式使其了解中华传统文

化，但许多家长会因为孩子的成长与学习压力而放弃对传统文化的教导，导致对各学段学生学习传统文化的教学内容衔接不足，违背了教育的连贯性原则。针对这一问题，家长应改变原有的思想理念，积极发挥家庭教育的作用，引导孩子从内心认同儒家优秀传统文化，鼓励孩子学习儒家优秀传统文化。

其二，父母作为孩子的第一任教师，其言行举止也会潜移默化的影响孩子。儒家强调教育者要言传身教，以身作则，家长要想让孩子主动学习儒家优秀文化，自己首先要主动学习，提升自己传统文化素养，这样不仅树立了榜样模范，也能在学习过程中与孩子进行分享交流，强化孩子对儒家优秀传统文化的认知。

（三）营造良好的校园文化氛围

大学生每天学习、生活的场所就是校园，营造良好的校园文化氛围能对学生的思想和行为产生积极影响，高校可以在加强校园文化建设的过程中逐步植入儒家文化中的积极因素，使大学生不自觉地接受人文素质教育，以此来达到陶冶大学生情操、使学生形成良好心态和健康人格的育人目的。

第一，利用广播等方式等做好融入宣传工作。学校可以开展"儒家优秀传统文化入校园"的主题月教育活动，组织学生利用广播诵读儒学名句，或播放具有儒家文化特色的音乐，宣发手册，或者悬挂展板等方式向全校师生宣传儒家优秀传统文化，营造浓郁的儒家文化氛围，使学生逐渐了解儒家优秀文化，为后期的融入做好铺垫工。

第二，建设具有儒家优秀传统文化元素的校园文化设施。高校可以在教学楼，图书馆或公寓等主要建筑物的内外摆放儒家先贤孔孟荀的人物雕塑，以最直观的方式呈现给学生；也可以精选儒家经典中的名言警句或者故事悬挂于教室、图书馆、餐厅中，让儒家优秀传统文化的元素渗透到学生的日常生活中。

四、运用网络媒体资源拓宽儒家思想人文教育融合渠道

经济全球化、社会信息化的加速发展，带动了互联网的飞速发展。互联网成为信息化时代下国与国、人与人互相交流的平台，人们可以通过互联网分享自己的思想观念，这极大丰富了人们的日常生活。

根据中国互联网中心（CNNIC）于2021年2月3日发布的《第47次中国互联网络发展状况统计报告》，截至2020年12月，我国网民规模达9.89亿，互联网普及率达70.4%，以学生群体占比最高，达到21%。由此可见，大学生的确是使用互联网的庞大群体。值得注意的是，网络在促进思想文化交流的同时，

也对我国当代大学生的生活、思想、行为等方面产生了不可忽视的影响。因此，互联网作为现代教育的新型手段与学习途径，高校既要重视又要合理利用网络媒体，要"积极主动占领网络文化阵地，不断提升网络文化话语权。"以多种形式将儒家优秀传统文化融入大学生人文素质教育中。

（一）合理利用互联网资源

现今大学生多是 00 后，要使儒家文化对大学生人文素质教育产生积极影响，就必须建设好传播载体。因此，高校可以建设儒家优秀传统文化的专题学习网站，邀请名师开设慕课，向学生介绍儒家文化中的先贤圣人和优秀思想，并以班级为单位建立交流群，方便师生共享文献资料以及线上互助学习等。同时，高校要充分借助互联网优势，利用大众传媒载体，以儒家优秀传统文化为教育主题，建设具有儒家特色的交流互动论坛、网站或者文化贴吧，鼓励学生积极参与讨论，交流思想，让儒家优秀传统文化以多种多样的方式萦绕在大学生的日常学习生活中。

（二）加大互联网宣传力度

新形势下，高校要推动儒家优秀传统文化融入大学生人文素质教育，必须一改以前传统的宣传模式，不能只是单纯地靠传统的展板、黑板报、手抄报或者主题班会的形式宣传，要融合当前大学生兴趣爱好，创新传播方式，借互联网的东风，下载有关儒家文化的 app，创建公众号，丰富宣传内涵，加大宣传力度，这不仅有利于大学生汲取儒家文化的精髓和内涵，也对大学生人文素质教育起到了助推作用。

（三）加强网络管理队伍建设

网络管理队伍不仅包括负责大学生日常生活、学习事务和宣传文化工作的部门，还包含了一些传统文化社团组织以及校园传统文化爱好者，这些人可以发展为网络的管理者，进而成为网络平台的忠实用户，借助他们的参与能使儒家优秀传统文化在网络的助推下产生更大的辐射效应。

第六章　当代传统文化与大学生道德素质教育

优秀传统文化为当下道德素质教育提供了丰富的教育资源。高等院校承担着为国家培养人才和提高国民道德素质教育的重任：其一，高等院校要充分利用优秀传统文化中的德育思想，增强大学生对民族文化的认同感；其二，高等院校通过人才输出，为提高全体国民的道德素质提供人力资源。本章分为传统文化与大学生诚信教育、传统文化与大学生感恩教育、传统文化与大学生修身教育三部分。

第一节　传统文化与大学生诚信教育

一、大学生诚信教育的相关概念与特征

（一）大学生诚信教育的相关概念

1.诚信

诚信作为词语，一直被人熟知和运用。诚信最初分为"诚"和"信"两方面的含义。"诚"和"信"最早出现在《尚书》："神无常享，享于克诚""尔无不信，朕不食言"。诚信作为词语最早出现《管子·枢言》中，其论述为"先王贵诚信"。从现代汉语意义上讲，"诚"即诚实、诚恳，"信"即信用、信任，"诚信"即言而有信、信而有为。

自党的十八大提出"爱国、敬业、诚信、友善"后，诚信作为一项重要内容被纳入社会主义核心价值观。与爱国、敬业、友善相比，诚信在逻辑层次上更为基础和底层，甚至可以说爱国、敬业、友善都是以诚信作为支撑才得以实施的。

中华民族将诚信视为自身的行为规范和道德修养，中华优秀传统文化也把

第六章　当代传统文化与大学生道德素质教育

"诚"排在"明德"中很靠前的位置。在经历时代洗礼后，形成的独具特色并具有丰富内涵的诚信观，是当代社会的宝贵精神资源。诚信是公民道德建设的基本内容和现实要求，在当今社会主义市场经济中具有极其重要的作用，是新时代每个公民应当具备的道德品质和核心价值观。同时，诚信还是中国特色社会主义市场经济和社会主义法治建设的基本原则。市场经济与诚信原则是统一的，不讲诚信的市场是无秩序的市场，不能持久繁荣，市场经济中没有诚信，会使得市场经济失控，无法健康发展。诚信是法治建设的灵魂，法治必须以诚信为基础，才能保障广大人民群众的根本利益。

2. 诚信教育

在通常意义上，诚信教育是德育教育的重要组成部分，属于典型的价值观教育范畴。"诚信教育是德育教育的重要内容，德育教育的本质特征和一般功能，诚信教育也同样具备。"诚信教育主要是指学校、社会、家庭等教育主体根据诚信的内涵和要求，对教育对象进行诚信观教育，引导教育对象树立诚信意识、强化诚信担当、养成诚信规范、践行诚信行为的德育活动。具体而言，诚信教育不仅依靠学校教育，而且还需要家庭教育、社会教育、自我教育的实施，并与学校教育协同联动。因教育对象不同，诚信教育的侧重点也不同。公职人员更侧重政治诚信，企业员工更侧重经济诚信，社会公民更侧重道德品质诚信等。诚信教育的内容不仅体现在道德教育体系中，还体现在纪律体系、法律体系、经济体系当中。

大学生是社会中极其重要的高素质人才资源，是推动社会主义现代化强国建设和中华民族伟大复兴事业的中坚力量，具有显著的个性化、群体化、类别化特点。诚信在社会价值体系中具有基础性和前提性作用，在大学生人格塑造和素质养成中居于非常重要的位置，开展大学生诚信教育具有重要的时代价值和现实意义。大学生诚信教育是高校育人体系的重要环节和领域，是大学生思想政治教育的重要范畴，能帮助大学生培育和践行社会主义核心价值观，筑牢诚实守信信念，提升诚信素养水平，助力大学生成为德智体美劳全面发展的时代新人。

3. 大学生诚信教育

在不同的时代背景下，对大学生诚信教育的内涵的侧重点也有所不同。时代新人视域下大学生诚信教育的主要内涵为：一是真诚拥护中国共产党的领导的教育，二是勇于担当中华民族伟大复兴重任的教育，三是忠诚践行新时代爱国主义的教育，四是诚实参与高校立德树人根本任务的教育。

（1）真诚拥护中国共产党的领导的教育

"为中国共产党治国理政服务"是教育"四个服务"的重要内容之一。大学生诚信教育在本质上是一种价值观教育，是塑造人、培养人、发展人的实践活动，是党的思想政治工作的重要组成部分。新时代大学生诚信教育以诚实守信为基本要素，大力引导大学生培育和践行新时代诚信观，与理想信念教育、爱党爱国爱社会主义教育充分融合、有机贯通，把公民"诚实守信"的社会公德、个人私德升华为"诚信爱党"的"大德"。通过系统化、多样化、实效化的诚信教育活动，促使大学生更加忠诚于党，听党话、跟党走，真诚拥护中国共产党的领导，始终坚定"四个自信"。同时在实践行动上，促使大学生认真接受政治训练、加强政治锻造、追求政治进步，积极向党组织靠拢，坚定不移地朝着既定的理想目标前进，成长为党的事业可靠的接班人，为党和国家事业贡献青春力量。

（2）勇于担当中华民族伟大复兴重任的教育

大学生是青年中最具知识性、创新性和先锋性的群体，实现中华民族伟大复兴的中国梦需要一代又一代青年人接续努力、担当有为、永久奋斗。所以，民族复兴伟业更需要大学生，更加依靠大学生。历史经验和时代实践都已证明，大学生只有将个人的价值和国家民族的未来、人民的需要、历史的伟业紧密结合，才能真正实现人生价值的升华。开展大学生诚信教育，引导大学生时刻不忘初心，诚心诚意勇担中华民族伟大复兴的重任，持续激发大学生投身现代化建设的激情、热情和干劲，使其勤勤恳恳、兢兢业业，发挥模范带头作用，以自身的热诚、拼搏精神广泛带动身边人、周围人，搏击中华民族伟大复兴征程中的风险和挑战，以新时代的主人翁和排头兵的姿态应对时代的洪流险滩。开展大学生诚信教育，引导大学生敢于肩负起新时代赋予青年一代的特殊使命，把个人宏伟壮志融入民族复兴实践中，时刻信守信仰、勇往直前、艰苦创业，在面对重大挑战时挺身而出，在党、国家、人民需要时敢于舍身、开拓创新，把小我融入大我，不计个人得失，用实际行动为民族复兴中国梦的实现添砖加瓦、奉献自我，向实现第二个百年奋斗目标进军。

（3）忠诚践行新时代爱国主义的教育

《新时代爱国主义教育实施纲要》明确指出："坚持全员全过程全方位育人，在广大青少年中开展深入、持久、生动的爱国主义教育，让爱国主义精神牢牢扎根。"

新时代加强大学生爱国主义教育，培养大学生深厚的爱国主义情怀，是高校育人工作的重要内容。爱国主义教育要融入大学生诚信教育中并贯彻全过程，通过诚信教育切实引导大学生坚定"四个自信",将爱国主义"内诚于心""外信于人",提高自身素质。大学生诚信教育要与爱国主义教育、革命主义教育、社会主义教育结合起来,不断提高大学生诚实守信的觉悟和文明素养,引导大学生诚实诚恳祖国、人民,忠诚践行爱国行动,忠诚捍卫国家利益,坚守为党、为国家、为人民服务的人生信条,成长为堪当民族复兴大任的时代新人。

(4)诚实参与高校立德树人根本任务的教育

习近平总书记在全国宣传思想工作会议上说:"育新人,就是要坚持立德树人、以文化人,建设社会主义精神文明,培育和践行社会主义核心价值观,提高人民思想觉悟、道德水准、文明素养,培养能够担当民族复兴大任的时代新人。""诚信"是社会主义核心价值观的重要内容,培育和践行社会主义核心价值观是高校落实立德树人根本任务的关键。"人而无信,不知其可也",诚信是大学生道德品质的重要体现和成长基础,大学生成为诚信的人才能明大德、成大才、担大任、成大事。当下,大学生的品质是时代精神的体现,正确的诚信观能为大学生提供积极向上的导向,指引他们不断成长为时代新人,而错误的价值观则为大学生提供消极向下的导向,使他们与时代新人的距离越来越远。大学生诚信教育要坚持以德为先,正面引导大学生诚恳待人、诚实做事,通过"诚信"价值观的培育达到"明大德、守公德、严私德"的"立德"效果,从而实现"塑造人、激励人、发展人"的"树人"目标,促进大学生成为德智体美劳全面发展的社会主义建设者和接班人,真正培养出一批又一批合格的时代新人。

(二)大学生诚信教育的特征

大学生诚信教育的特征主要有以下四点。一是政治性,把诚信教育提升到明大德、担大任的层次,厚植爱国主义教育,践行社会主义核心价值观;二是时代性,身处中华民族伟大复兴战略全局和世界百年未有之大变局,要顺应时代发展大势;三是实践性,随着实践的要求不断更新其时代内涵;四是创新性,全面落实立德树人根本任务,推进"三全育人"综合改革。

1. 政治性

教育是立国之本,是统治阶级巩固政权、维护阶级利益的重要工具和途径。巩固和发展中国特色社会主义制度、推进改革开放和社会主义现代化建设、实现中华民族伟大复兴的中国梦都离不开教育。大学生诚信教育是高校思想政治工作的重要内容,要更加突出教育的政治性和阶级性。开展新时代大学生诚信教育要把守公德、严私德提升到明大德、担大任的层次,在满足大学生诚信素质发展要

求的同时，教育引导大学生牢固树立"四个意识"，听党话、跟党走，厚植爱党、爱国、爱社会主义、爱人民的诚挚情怀。大学生诚信教育通过引导大学生不断培育和践行社会主义核心价值观，促使大学生弘扬和继承传统文化和革命文化孕育出的"诚信"品质，发挥社会主义先进文化中"诚信"的重要价值，让大学生以昂扬的诚实精神和优良的守信状态积极投身中国特色社会主义现代化建设，进一步推动民主政治发展和社会文明进步。

2. 时代性

不同的时代有不同的时代主题和特点，有其特定的教育活动和方式。在中华文明发展过程中，诚信教育也不断更新和跟进，不断适应时代的诉求。"培养什么人、怎样培养人、为谁培养人"是新时代对教育提出的根本问题。新时代大学生身处中华民族伟大复兴战略全局和世界百年未有之大变局，其价值观教育被赋予了鲜明的时代特质。大学生诚信教育应立足新时代际遇，顺应时代发展大势，以实现立德树人根本任务为总方针，把诚实守信的时代内涵注入育人全过程，把明大德、守公德、严私德的时代要求贯穿于全过程，其出发点和归宿点就是培养有理想、有本领、有担当的"堪当民族复兴大任"的时代新人，这有力回答了新时代对教育提出的根本问题，积极回应了新时代对大学生诚信价值观的要求，奠定了大学生诚信教育的时代基调。

3. 实践性

价值观从来不是抽象的、无形的，而是随着实践的要求不断更新其时代内涵，并在实践中形成和固化。只有通过实践让"抽象的"价值观念转化成生动的社会历史活动，才能让青年立志有常、寓德于行。诚信教育不是一味地传授观念和理论，更重要的是在传授理论的基础上，引导受教育者在实践活动中将诚信观念转化为诚信行为，在实践中养成诚实守信的思维和习惯。新时代大学生诚信教育强调知行合一、以行促知，坚持实践育人。着力促使诚信理论教育与实践育人活动相统一，通过社会实践、志愿服务、榜样引领示范、沉浸式体验等多种形式，为大学生提供更加多元的教育实践和锻炼机会，这对提高大学生诚信素质具有直接性、全面性和深远性影响。注重大学生诚信教育的常态化、持久化，在大学生日常学习生活中潜移默化地塑造其诚信品格，在大学生投身社会主义现代化建设的生动实践中筑牢其诚信观念，促使大学生在自身全面发展和成长成才的过程中时刻践行其诚信行为。

4. 创新性

面对日益激烈的世界经济竞争、波谲云诡的国际政治环境、在冲突中融合

第六章 当代传统文化与大学生道德素质教育

的文明发展趋势，以及党和国家对新时代高素质人才培养的全新要求，全面落实立德树人根本任务、推进"三全育人"综合改革是高校积极应对当前各类风险挑战、实现教育创新发展的必由之路。新时代大学生诚信教育立足培养时代新人的总要求，充分契合时代要求，在传承的基础上实现了教育理念、教育目标、教育方法等的革新发展。大学生诚信教育坚持以学生为中心的理念，以立德树人为根本任务，以培养时代新人为根本目标，是高校"三全育人"综合改革的重要领域和创新举措。同时，依托现代网络技术，新形势下大学生诚信教育不断改进传统教育方式，提升教育方法的信息化、智能化水平，进一步符合当代大学生群体的学习特点，满足大学生的个性化成长需求。

二、大学生不诚信的表现

（一）学业失信现象

学业失信是在大学生活中屡见不鲜的现象。2019年初，翟天临事件曝光出学术不端问题。一批批因论文抄袭的人，得到了相应的惩罚，这也使大学生诚信问题再一次成为社会关注的焦点。与此同时，在大学校园中，作业抄袭、考试作弊、上课替他人签到等现象不仅是不诚信的行为，同时有的也是不合法行为。而这些现象屡屡出现，主要原因有以下几点。

①大学生们急功近利和怠惰因循的心态。大学生活少了许多束缚，更多的是靠自觉性，致使有些大学生出现了懈怠心理。临近考试或者毕业时，害怕自己学业上亮红灯，所以寻求快速便捷的方式和方法。

②受周边的环境影响。有的大学生发现自己身边存在诚信问题的学生不但没有受到相应的惩罚，反而获得高分和相应的奖励，这使一些诚信的学生感觉不公平。反之，存在诚信问题的学生的学业欺骗行为被发现后，他非但没有受到来自班集体与同学的谴责，反而得到了同情、理解和宽容。同时，有些老师对于学生是否诚信并不看重，考试时睁一只眼闭一只眼，论文把关并不严格。这些情况都使有的大学生觉得诚信并不是那么重要，由偷偷摸摸变得明目张胆。为了自己能顺利毕业甚至为了某些利益，有的大学生铤而走险。

③专业的学业失信团队和工具产生。在信息时代，作弊的工具逐渐现代化，从作弊耳机到作弊橡皮，技术手段不断变化，这对大学防作弊工作提出挑战。有些学校防作弊工具老化，没有及时更新换代，导致有些大学生钻了这个漏洞。而专业团队也逐渐增多，例如在大学校园里出现的代课群、考试作弊背后的答题

人、论文代写的"枪手"们。这些都为大学生提供了"便捷"的通道。

(二)助学贷款背信现象

为了让贫困生能够更好地求学,国家提供了助学贷款。助学贷款是为贫困家庭和生活困难家庭而设立的专项基金,并不是无期贷款,更不是无偿赠送。每到毕业季,高校就开始催促有助学贷款的大学毕业生按时还款。可有小部分大学生却逾期不还助学贷款,出现玩失踪联系不上、还不上就不还了的情况,致使银行出现了许多坏账。虽然国家倡导要帮助贫困生求学,但这种情况不断增加,致使银行对贫困生的信用产生怀疑,不愿意继续放贷。

(三)生活作风失信现象

有些大学生由于从小的教育情况养成了不良的生活习惯,如在老师同学面前说谎、对同学朋友不真诚、预约图书馆之后不去等。在大学生活期间,有些大学生没有了家长的约束,不能控制自己的花销,由于自己的虚荣心,产生了高额消费,衍生出了校园贷危机,这也是一种不诚信的表现。

(四)求职违约现象

由于每年毕业生人数逐年增多,就业压力增加,有小部分大学生为了进入更好的企业,开始使用虚假简历、伪造的证书来增加自己的就业机会。每年春招和秋招,是大学生伪造各种证书的高峰期,也是不法分子"生意"最热闹的时期。大学生应聘欺骗现象的盛行,促使一个违法乱纪的行业存在并发展起来。有研究发现,81%的学生在求职简历中存在不同程度的失信行为,如伪造获奖证书、学习成绩、编造实习工作经历等,夸大自身优势以获得求职单位的青睐。同时由于我国伪造证书泛滥,致使一些国外学校不承认我国留学生提供的证书,需要重新进行考核,加大留学难度。

与上述情况相反,每年都有许多大学生不需要伪造证书来获得就业机会,他们很顺利就能拿到就业协议并签约却不践约。找到更理想的工作单位后并不告知已签约的公司,不辞而别。一些招聘单位抱怨说:"现在有些大学生诚信意识太差,与没有受过高等教育的普通劳动者相比没有体现出明显的优势。"大学生不履行合约的行为使用人单位产生诸多抱怨,已成为用人单位的心病,加大了就业的整体难度。

三、大学生诚信教育存在的问题

大学生诚信教育存在的问题主要有大学生诚信教育的内容不系统，下面主要从学习、生活、社会交往三个方面来阐释；大学生诚信教育的培育机制不完善，主要表现在形成机制、层次机制、功能机制三个方面，没有形成全过程、全方位的教育体系；大学生诚信教育的培育途径不丰富，表现在推进方法、考核方式、实现力量三个方面。

（一）大学生诚信教育培育内容不系统

1. 大学生诚信学习方面的培育内容不系统

大学生在学校期间的根本任务和使命是学习，大部分大学生能够珍惜大学宝贵的学习时间，努力学习，但是也有一些大学生学习态度不端正，存在考试作弊、替考、学术剽窃等现象，作弊手段层出不穷，这是因为某些高校中存在重视智育而轻视德育的现象。在学生综合素质考评体系中，"德育""智育""体育"都属于基本考察范围，大部分高校在考察中特别看重"智育"的占比，基本把"智育"设为学生综合素质考评标准，从而决定奖学金、推免、推优入党等的人选。"德育"在学生教育中不受重视，作为"德育"重要组成部分的"诚信教育"自然没有被传授给学生，也没有设立统一的诚信教育课程，学生不了解诚信包括哪些内容。即使有的学校开设了诚信教育课程也只是"掸掸灰"式地停留在表面，没有一套完整的大学生学业诚信教育内容的标准，使学生缺乏学习动力，对大学生系统地进行诚信教育十分不利。在培育时代新人的过程中没有对大学生进行系统的诚信教育，会影响大学生的学习态度，影响大学生用自己的专业技能为建设社会主义事业做贡献。

2. 大学生诚信生活方面的培育内容不系统

大学生在校园生活中，不仅会健身娱乐，而且也参加社团活动，发展自身的爱好，提升个人的素质。但是在大学生社团活动等校园生活中也存在一些不诚信的问题。大学生虽然在校园内生活，但也会与外界社会有一定的联系，一些不良的社会因素也影响着大学生在社会生活中的行为。某些大学生虽然经济实力薄弱，但是消费欲望非常强烈，为了所谓的"时髦"而盲目追求名牌，完全忽略自己的经济能力，在过度消费后无力偿还走向"校园贷"的歧途。大学生这些生活诚信缺失的行为，很大一部分原因是缺乏生活诚信教育，在校园生活中不讲真话、不真诚做事，在社会生活中迷失自己，唯利是图，缺乏道德修养。大学生是时代新人培育的主要群体，要成长为引领未来社会风气的群体，他们在生活诚信方面接受的教育不系统，就会影响到社会的整体风气。

3. 大学生社会交往方面的培育内容不系统

大学生在进入大学后，大部分都是住在学校的集体宿舍，交往互动频繁。诚信交往能够使大学生更有安全感和幸福感，大多数的大学生在交往中能秉承诚信的态度，但是也有某些大学生不诚信地与人交往。缺少系统的诚信交往教育，使得一些大学生缺乏严肃认真的态度，逐渐失去同学和老师的信任，久而久之产生沟通和交往障碍。大学生在成长为时代新人的过程中，与人交往必不可少，社会交往方面培育内容的不系统，影响时代新人与社会的互动和幸福感的获得。

（二）大学生诚信教育的培育机制不完善

"青年一代有理想、有本领、有担当，国家就有前途，民族就有希望。"大学生是肩负民族复兴大任的时代新人，他们的理想信念、素质本领、责任担当离不开诚信教育的引导。但是，当前我国诚信教育的培育机制还不完善，诚信教育存在一些问题，比如在大学生群体中存在期末考试作弊、毕业设计作假、就业简历虚构等不诚信行为。

1. 诚信教育形成机制不完善

在大学生诚信教育的过程中，缺少通过行政、计划、指导、服务、监督等手段将各个部分整合起来的机制，大部分家长更看重科学文化知识、成绩等，而忽略了他们的个人品德；拜金主义、享乐主义、个人利益至上等一些西方思潮涌入形成的不良社会风气，冲击着学生的世界观和价值观；也有的受访者表示他们的学校在执行某项规章制度时存在不公正和不诚信现象，使大学生对学校产生怀疑心理，不利于大学生诚信品质的形成。当学校的各项教育活动中缺失了诚信教育，忽视了大学生的道德品质，从而出现道德水准较低或者道德沦丧的人，那么只能是学到的科学知识越多，对社会的危害越大。大学生诚信教育需要健全的机制，这样才能使大学生具备正确的诚信价值观，才能保持着正确的理想信念向着时代新人逐渐靠近。

2. 诚信教育层次机制不完善

在宏观诚信教育机制中，现有的学前诚信教育、初等诚信教育、中等诚信教育与高等诚信教育没有完全统一起来，在进入大学后，因大学生诚信教育的程度和诚信教育转化为内在品德的程度不一致，大学生诚信方面的意志力参差不齐。在中观诚信教育机制中，缺少一种系统的诚信教育方式将学校的内部环境、大学生的思想政治教育、教学工作等整合起来，诚信教育的育人效果不佳。在微观诚信教育机制中，没有充分调动各个组成部分的积极性，在学生出现失信行为后，学校仅通过通报批评、撰写情况说明等方式，开展失信后的诚信教育，不利于大学生诚信品质的养成。

3. 诚信教育功能机制不完善

在激励机制中，部分学校没有充分运用激励的手段、发挥激励的功能调动学生参与诚信教育的积极性，没有形成科学的诚信评价体系；在保障机制中，部分学校没有强有力的诚信教育保障，缺少一个记录本校学生诚信教育基本情况的系统。大学生不能完整地接受诚信教育，就不能够全面、正确地认识诚信对于自身学习成长的重要性，会不敢直面自身存在的问题，不能实事求是地解决问题，在实现民族复兴大任的使命面前，更不会全身心地投入其中。

（三）大学生诚信教育的培育途径不丰富

"育新人，就是要坚持立德树人"，在培育大学生使其成长为时代新人的过程中需要"德"的参与，无论是时代新人的公德还是私德，都离不开诚信教育的支撑。目前，对大学生的诚信教育工作还是以理论说教为主，缺乏实践等其他途径，不符合诚信教育多样性的特点。

1. 大学生诚信教育推进方法不丰富

目前，大学生诚信教育主要以理论灌输的形式进行，而大学生思维方式较为多样和自由，传统的说教、枯燥的班会、无聊的讲座等相对于形式多样、内容有趣的新媒体传播渠道而言，对大学生来说十分没有吸引力。传统的诚信教育方式不仅会逐渐让学生丧失学习兴趣和学习热情，而且还容易使学生产生抵触等负面情绪，这样既不能产生良好的教育效果，又浪费了教育工作者的大量时间。大学生诚信教育的手段不能与时俱进，跟上现实需要，就会影响大学生成为时代新人的进程。

2. 大学生诚信教育考核方式不丰富

当前很多高校仅以考试的形式对大学生诚信教育的成果进行考核，没有同科学文化知识等的考核形式区别开来。仅仅通过大学生写在试卷上的内容来判断大学生是否具备诚信的品质，而缺少对大学生的情感诚信和行为诚信的量化考核和评估，也没有相应的监察机制来对大学生诚信教育成果进行监督，导致大学生出现了只管"知"而不管"行"的现象。大学生作为时代新人，只知诚信理论而不进行诚信行动是不够的，仅凭一张静态的考核表对大学生进行诚信教育考核也是

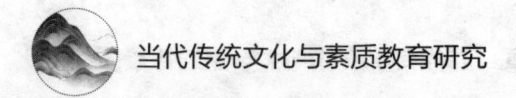

不科学的，影响时代新人的质量。

3. 大学生诚信教育实现力量不丰富

大学生在校期间以住校为主，学校的教育是其接受诚信教育的最主要途径，但是仅靠学校教育不能全面提升大学生诚信教育的效果。大学生诚信教育需要学校、社会、家庭三股力量的共同参与，但是社会层面上实施诚信教育和诚信记录的手段尚未彻底完善，对大学生产生的影响相对较小。缺少与学校、大学生的沟通联系，对大学生是一种"放羊式"的态度，形成了学校、家长、大学生分立三端的局面，拉长了三者之间的距离。大学生的诚信道德品质并非一朝一夕养成的，而是在日常的点滴小事中形成的，大学生诚信教育缺少任意一方的力量都是徒劳的，都会影响诚信教育的效果。

四、传统文化融入大学生诚信教育的路径

（一）制定相应的诚信机制

1. 学校制定相应的规定和惩罚方式

大学生的诚信问题，并不只是道德层面上的，同样也有法律层面上的。我国有《知识产权保护法》《刑法》等法律，这是国家层面上的法律，2015年正式把在国家考试中作弊纳入到刑罚处罚范围。而高校也应出台相应的规定，不单单只是针对考试作弊问题，也应对抄袭作业、代课等平时出现的诚信问题制定相应的规定。这些平时出现的诚信问题是最容易被忽视的，但千里之堤，毁于蚁穴，不能让学生平时就养成失信的习惯。习惯一旦养成，大学生以后步入社会也会出现失信行为，工作中会出现欺上瞒下、阳奉阴违、表里不一的情况，影响大学生在人们心中高素质的形象。学校应对考试作弊、学术不端、助学贷款逾期不还的学生给予公开通报的处罚，对这些不讲诚信的大学生进行公开批评，情节严重的可以考虑是否发放毕业证。这样的惩罚力度，足以震慑学生，使学生真正意识到诚信的重要性，迫使学生重视自己的诚信问题，进而促使学生形成诚信等良好品德。

2. 学校应建立相应的管理制度

高校应通过信息手段建立大学生的个人诚信档案，可包括生活、学业、助学贷款、求职等诚信信息。企业可以通过该档案更好地了解学生情况。东北师范大学率先推出了就业诚信"双认证系统"，连续多年开展了"五个一诚信教育工程"系列活动，不仅对学生的获奖情况、社会实践情况等进行诚信认证，保证毕业生

提供的材料真实有效，同时也对来校招聘的用人单位进行严格的资格审查。这样不但减少了企业对学生材料的审核工作，同时也能保证学生的诚信不被不良企业利用。

（二）恪守内诚外信的本体精神

诚信既是人们外在的行为规范，也是人们内在的精神需求，是内诚外信的形上本体的存在。它之所以进入人们的伦理系统，不是因为类似契约之信那样的形下之域的现实需求，而是因为形上之域的人的价值需要，是人安身立命的价值支撑。作为中国传统文化的基点，"诚"突破了现实的局限，体现为一种理想性的超越，是人的生命意义在人性本原层面的内化，是人的基本特征和内化了的德性。"诚"通过人的言行表现出来，并成为一个动态的过程，这就是"信"。如果一个人是诚的，那么他必然也是信的；反过来，一个人是信的，他必然也是诚的，这种内诚外信并达到诚信统一的本体论意蕴，一直作为一种形上的道德信念驻守在我们中国人的内心深处，成为我们理解诚信、建构诚信的独具民族特色的方式。内诚外信的本体论意蕴要求大学生把诚信道德意识内化为诚信道德信念，"诚者自成也，而道自道也"，这个过程是主体在学习和实践中自主性的内化和亲身体验的过程。大学生不仅要掌握诚信知识，学会诚信思辨，更要具有良好的诚信信念和诚信意志，因此，对大学生的诚信教育，就要重视大学生形上层面的自主自律的理性精神的建立，关注学生的成长，提高大学生对诚信道德的认知和选择能力，倡导大学生把诚信作为人生的终极理想，最终让大学生遵从诚信道德的理念，主动、自觉地接受诚信道德。

（三）遵循动态履行的实践品格

在中国传统文化中，诚信既是一个静态的目标，也是德性修养的动态实践。外在的社会道德规范内化为诚信实践主体内在的自主自律精神是一个艰苦的德性修养的动态实践过程。孔子主张"听其言观其行"，明代吕坤在《呻吟语·应务》中说："不须犯一口说，不须着一意念，只凭真真诚诚行将去，久则自有不言之信，默成之孚。"诚信不是靠自我表白和冥思苦想，而是建立在真心实意做事的基础之上，诚信品质在本质上是一个实践命题，具有动态履行的实践品格。

《中庸》曰："诚之者，择善而固执之者也：博学之，审问之，慎思之，明辨之，笃行之。"要想使自己拥有真诚的品德，就要广泛学习，周密思考，明确辨别，切实实行。大学生的诚信教育也是一个立足于生活实践，博学、审问、慎

思、明辨、笃行的过程，要把诚信教育和社会实践结合起来，不仅要注重对诚信的宣传，培养大学生向往诚信、践履诚信的意识，更要注重在实践中让大学生自觉地运用诚信，修正自己不符合诚信的思想和行动，把知和行统一起来，实现由他律向自律的转化，最终达到"慎独"的境界，真正养成诚信的道德品质，促进个体人格的完善和整个社会的和谐，达到"赞天地之化育""与天地参"的境界。

（四）自觉以德性为本修身

在中国传统文化中，诚信作为人们内在的精神需求，是人们修身养性的根本原则。在中国传统伦理中，诚信和德治文化相联系，更多的是一种德政和德性品质要求，属于由熟人信任、人格信任构成的德性范畴。因此，诚信的履行主要靠人格自律基础上的个人的道德自觉，守信还是不守信更多依赖于自己的良心，是一种出于本心的自觉行为。相对来说，诚信的践行缺少必要的外在规则的制约。

"不以规矩，不能成方圆。"人们办事要依据规则，规则是人与人之间、人与社会之间在法律、道德、交往等方面的约定。诚信道德的实现，既要靠大学生把诚信道德意识内化为自觉自律的诚信道德信念，即自律，也要靠外在规则的约束，即他律。在当今市场经济的社会背景下，人们受市场趋利原则的影响，道德失范行为时有发生，诚信缺失的现象也比比皆是。失信、造假、欺诈行为成为一部分人的"理性选择"，诚信道德缺失。当前大学生出现的"诚信危机"，与缺少外在规则的约束有直接的关系。这就要求我们建设一套涵盖政治、学习、经济生活、人际交往、就业创业等内容的诚信制度，做好大学生诚信制度评价、信息记载、失信处罚以及档案管理等方面的工作，使诚信以一种外在规则的形式融入大学生的生活之中，依托制度的"他律"规范大学生的行为，实现大学生诚信道德要求存在形式的制度化和调节手段的强制化，充分发挥制度规则的约束力，为大学生诚信道德的实现提供外在的保障。

但是，这并不意味着传统德性诚信的缺席。诚然，中国传统的德性诚信未必能完全满足当今市场经济背景下大学生诚信教育的要求，外在的制度诚信也未必是今市场经济背景下大学生诚信教育的全部要义。

中国传统的德性诚信文化范式以其强大的惯性和连续性影响着当代的诚信教育，在大学生诚信教育的问题上，我们必须坚持以德性为本的修身原则的自觉性，以德性诚信为本，以制度诚信为用，既表达对内在的做人的一种德性要求，又表达对外在规则的一种协调保证，实现诚信内在道德性和外在规则功能的和谐统一，促进大学生诚信教育的健康发展。

第二节 传统文化与大学生感恩教育

一、大学生感恩教育概述

(一) 大学生感恩教育的相关概念

对大学生感恩教育的研究,应该先从相关概念入手,了解感恩教育的基本内涵,为后续研究奠定坚实的基础。

1. 感恩

感恩是中华民族世代相传的传统美德。感恩一词来源于拉丁语"Gratia",后被译为恩惠、知恩、感激。在西方,感恩一词最早出现在哲学家塞涅卡所著的《论利益》中,指能够自觉感受到施恩者与受恩者之间的联系并作出一系列反应。在中国,感恩最早出现在《三国志·吴志·朱桓传》:"桓分部良吏,隐亲医药,食粥相继,士民感恩之。"《现代汉语词典》将感恩解释为:"对别人所给的帮助表示感激。"

感恩作为一种道德情操,其存在形式也是多样的,经常出现在古典著作和诗词中,如李白在《行路难》中写的"剧辛乐毅感恩分,输肝剖胆效英才"。关于感恩的诗句或语句都在向我们传达一个道理:一个人无论以何种身份生活在社会中,都要学会知恩,感恩。

在此通过学习前人关于感恩的研究成果,我们认为感恩是"知情意行"四种要素相互作用所产生的结果。首先,个体需要感知和认识到外界,即父母、师长、自然、党和国家对自己的帮助和恩惠;其次,认可外界所给予的恩惠并自觉产生感恩之情;然后,将这种感恩之情内化为感恩意识,提高个体做出施恩之举的意识;最后,将感恩意识外化为感恩行为,使个体自主实施感恩之举。"知"是前提,"情"是催化,"意"是桥梁,"行"是关键。只要每个个体都具备"知情意行"四种要素,人与人必将友善相处,社会必将美好稳定,人与自然必将和谐发展。

2. 感恩教育

通过分析陶志琼学者的成果,可以将感恩教育的内涵分为四个方面。

首先,感恩教育是一种人文教育,是教育工作者通过一定的方式方法,向受

教育者传递感恩教育的内容，提高受教育者由识恩到主动施恩的意识。其次，感恩教育作为一种情感教育，可以从内心深处唤醒人们对恩情的认知，正确引导人们的需求，加速感恩意识的形成，塑造健康的人格和感恩品质。再次，感恩教育作为一种道德教育，可以帮助大学生提升自身的内在修养。感恩教育通过引导大学生树立正确的三观，使大学生有自己的行为准则与辨别是非的能力，并最终从大学生的德行中体现出来。最后，感恩教育作为一种人性教育，通过提高学生知恩、识恩、谢恩、报恩的意识，激发学生形成正确的态度，以感恩之心对待身边人，用实际行动回馈外界，促进人格的不断完善。

感恩教育是指以提高受教育者感恩意识、激发受教育者感恩行为为目标，有目的、有计划地调整、改变受教育者的心理活动，使受教育者与施恩者的关系更融洽的一种人文教育活动。感恩教育就其内涵而言可分为三个层次：一是认知层次，指学生在接受教育后，对感恩有所了解并发自内心地认同感恩教育；二是情感层次，通过自身努力和外界催化将认知升华为一种愉悦且幸福的情感，并将情感转化为自觉的感恩意识和施恩冲动；三是实践层次，将感恩意识和施恩冲动转化为受教育者个人的具体报恩行动，使受教育者主动帮助他人，获得"赠人玫瑰手有余香"的幸福感。

3. 大学生感恩教育

大学生感恩教育是指教育者根据时代发展的特征，结合大学生的思想、行为特点，制定有规律、循序渐进的计划，利用丰富多样的教育方法与手段，有目的地对大学生进行感恩意识、感恩行为、感恩情感的教育，使他们形成积极施恩、报恩的行为习惯，从而使大学生增强责任感、提高担当意识、提升道德修养、塑造健全人格。

十九大报告中指出"经过长期努力，中国特色社会主义进入了新时代，这是我国发展新的历史方位"，意味着这个时代将不同以往，而是被赋予了新的内涵。在新时代，我国站在新的历史方位，担负着新的历史使命，着力解决社会中的新矛盾，这同时也给大学生感恩教育提出了新要求。大学生感恩教育也不同于其他时代的感恩教育。

首先，大学生感恩教育的对象新。大学生感恩教育的对象是受新媒体影响、半社会化的大学生。他们不同于以往的大学生，一方面他们具有很强的可塑性，大学生正处于趋于社会化的重要阶段，在新媒体的影响下，各种不良信息的渗透，且大学生对于信息的接受自主能力更强，会在很大程度上影响大学生的价值导向，此时亟须帮助大学生构建社会性的作用，例如，形成社会意识、甄别社会现象、掌握社会技能等。另一方面他们又具有极强的自主性，大学生能接受的信息量更大、信息面更广，这要求大学生感恩教育要更深入，不再是所谓的"一哭二拜"，而是积极的情绪反馈与情感互动，思想上感恩谢恩动机的固化。开展大学生感恩教育，要立足于大学生的体验感，尊重学生的主体地位，将感恩教育渗透进学习生活，发挥学生主动性。因为一个人道德修养的提高，贵在自觉。

其次，大学生感恩教育的方法新。大学生获取信息与知识的速度、渠道、方式甚至超越教育者，传统的教育方式早已不再符合实际需求，他们需要更新颖、更贴合实际的教育方法。此外，传统大学生感恩教育的主阵地是高校，但感恩教育同时也需要社会、家庭的配合。

最后，大学生感恩教育的内涵新。鉴于大学生的特殊性，大学生感恩教育的内容不再局限于知识层面，更重要的是能刺激感恩情绪，促进感恩行为。因此，大学生感恩教育的内涵有了新的变化。

（1）感恩意识教育

感恩意识教育是指教育者通过系统教育引导学生了解生活中的恩与情，让学生认识到何为感恩行为、何为自己受到的恩惠（即知恩）。感恩意识教育要在传统感恩内容基础上加入对党、国家与社会的感恩的内容。一是感恩党的领导。面对外敌入侵，党领导人民群众浴火奋战，赢得国家的独立；为了提高人们的生活水平，党积极带领群众进行土地革命，实行家庭联产承包责任制，同时党审时度势，实行改革开放，以先富带动后富，并完善经济制度与分配方式，为提高人们的生活水平而不懈努力；面对贫困人民，党领导开展了脱贫攻坚战，进行精准扶贫，确保全面建成小康社会时"不漏一户，不落一人"等。在党的正确领导下，我国经济长足发展、社会生活日益稳定、人民生活水平稳步提升。因此，大学生要始终拥护和坚持党的领导，认真学习党的各项方针与政策，自觉遵守党纪国法，感恩党的领导。二是感恩国家社会。旅游景点学生半价、火车票学生半价、国家助学奖学金与励志奖学金、生源地助学贷款等一系列优惠均能体现国家对大学生的关爱。我们现如今能坐在窗明几净的教室学习，离不开国家提供的优越的学习条件。30名英勇牺牲的凉山英雄、无数名不畏生死的抗疫先锋等冲在第一线，为我们提供了安定团结的社会生活环境，让我们得以健康成长。世间仍不太平，只是有人替我们负重前行。面对这些，大学生要始终怀着一颗感恩之心来看待。而传统感恩更侧重以下几点：一是感恩父母养育。百善孝为先，一个连父母都不孝敬的人，何以谈善？孔子曰："今之孝者，是谓能养。至于犬马，皆能有养；不敬，何以别乎？"父母可谓是竭尽所能为子女成长提供最好的学习与生活环境，不论多么艰难，都认为是自己应该做的。作为子女要了解父母为自己所做的一切，听从父母教诲，尊重父母，回报父母。二是感恩师长教诲。古人语：一日为师，终身为父。老师不仅传授知识，也不求回报地为学生指明前路，教学生成才成人。"春蚕到死丝方尽，蜡炬成灰泪始干。"这既是对老师至高的赞美，也是对老师作为文明与知识传播者的真实写照。作为学生要懂得尊重与感激老师的付出。三是感恩朋友他人。人具有社会性，每个人都存活在一定的社会关系中，而社会关系必然需要恩情的维系。生活中的朋友与他人虽然与我们没有血缘关系，但正是他们的存在，才能让我们的生活正常运行。作为大学生要感恩身边的遇见，感恩日常生活中陌生人提供的服务，感恩遇到困难时亲朋好友的开导与帮助，以感恩之心对待身边的人，进而拓宽自身发展和进步的道路。四是感恩自然给予。恩格斯曾论断："我们不要过分陶醉于我们对自然界的胜利，对于每一次这样的胜利，自然界都报复我们，每一次胜利，在第一步都确实取得了我们预期的结果，但在第二步和第三步却有了完全不同的出乎意料的影响，常常把第一个结果又取消了。"大自然是人类生命之源，其先于人而存在，为人类生存发展提供了基本保障。人在接受大自然这些美好馈赠时，要克制贪婪之心，保护自然、尊重自然、顺应自然，常怀感恩之心，与自然和谐相处。

（2）感恩情感教育

感恩情感教育是指教育者引导大学生在受到别人恩惠时，将心中的感恩情怀最大化释放（即识恩）。感恩教育更重视用情感唤醒情感，它的最终目的是使大学生认可自身受到的恩惠，将从内心深处涌出的感激之情转化为谢恩施恩的动力。但现在随着经济发展人们的生活节奏也在加快，人们内心所求与现实出现偏差，内心容易烦躁疲惫，难以静下心来去感受身边的爱意与恩情，新时代大学生更是如此，他们更乐意待在网络虚拟世界而不参与现实生活中的情感交流。只有当大学生认可自己所受到的"恩"的价值，才能顺利搭建教育者与大学生之间心灵碰撞的桥梁，才能让大学生从内心深处产生施恩欲望。

（3）感恩行为教育

感恩行为教育是指教育者要积极引导大学生做出正确的感恩行为（即报恩）。对大学生进行感恩教育最重要的是把握新时代大学生的思想与行为规律。新时代大学生普遍存在自律性弱的情况，他们明明体会到别人给予的温暖，却难以做出谢恩行为。因此，应举办各式各样符合当代大学生心理需求的实践活动，从而走进学生内心，把握学生的真实想法，让学生在实践中亲自获得情感体验，在实践中切实感受到感恩带来的愉悦，享受感恩带来的积极情绪体验，使大学生感恩之心得到升华。其次，随着新时代经济的发展，人们的生活水平得到提高，但人们之间的攀比风气却在盛行，为此，教育者要向大学生传播切实可行、符合大学生特殊性的报恩方式与途径。教育者要向大学生指明感恩重要的是态度，而不在于各类"数量"，感恩是发自内心的情感，并不是金钱上的较量，要以积极健康的方式去回馈恩情并主动施恩。感恩的最高境界是施恩不图报，要培养大学生善于施恩的行为方式，使其享受到施恩带来的愉悦与满足，不断提高道德修养。

（二）大学生感恩教育的特点

在社会主义新时代背景下，随着高等教育的普及以及市场对人才需求的增加，大学生毕业人数逐年增多，大学生已然成为社会建设的主要力量。因此，大学生的整体素质不仅关乎自身的发展，更关乎国家的未来、民族的复兴。随着网络技术的发展，新时代大学生们的思想更加复杂、个性、多元，崇尚自由，所以必须加强对新时代大学生思想的正确引导，加快大学生良好社会品德的养成。感恩教育作为一门实践教育课程并不是从大学才开始进行的，在幼儿成长时期受父母的影响，每个人都潜移默化地接受了有关感恩方面的教育。在学生成长的不同阶段，随着学生接受能力的增强，感恩教育的深度也不断增加。然而大学生这个群体基本已年满18岁，属于成年人，对事物有自己的看法和判断，接受信息的速度较快，理解、分析信息的能力较强，因此应侧重从社会实践性、学科关联性、历史继承性这三方面来研究新时代大学生感恩教育的特点。

1. 社会实践性

由于学生群体的特性，在教育方式上，一般的感恩教育采取以理论灌溉为主的方式。这部分学生群体（幼儿至高中生）的三观尚属于萌芽阶段，且由于升学的压力，大部分时间被学习文化知识占据，不能抽出大量时间、精力去进行实践活动，所以对这部分学生群体采取理论灌输的方式，是最合适的，这可以在最短的时间里让感恩教育取得最有效的成果。与一般感恩教育相比，大学生感恩教育的主体是大学生，而大学生是生活在社会之中的，并不能脱离社会而独立存在，因此大学生感恩教育更倾向于是一种实践教育。学生进入大学是迈入社会的第一步，在大学里学生的时间相对自由，学习的地点不拘泥于课堂，可以在与他人的交往及平时的实践活动中潜移默化地接受感恩教育，了解到自己的成长离不开他人的关怀和帮助，激发学生的情感共鸣，并将其转化为感恩意识和行为，最终作用于实践活动中，回馈给他人。

2. 学科关联性

与一般感恩教育相比，大学生感恩教育更侧重于教育的学科关联性。大学生感恩教育的学科关联性主要体现在两个方面，一方面是与大学生思想政治教育中的德育相互关联，通过对大学生开展感恩教育，增强大学生的感恩意识，激发大学生的感恩行为，可以侧面推动大学生其他道德品质的养成。例如，引导大学生感恩国家，进而可以培养大学生爱党爱国、遵纪守法的道德品质；引导大学生感恩他人，可以培养大学生仁爱互助、谦敬礼让的道德品质。另一方面，感恩教育与其他学科相互关联。感恩教育并不是独立存在于教育体系之中的，作为思想政治教育中的重要内容，感恩教育在发展的过程中与其他学科相互借鉴、相互贯通，既以马克思主义理论为基础，同时又借鉴了心理学、教育学等其他学科的知识，从而不断丰富自身的知识结构。

3. 历史继承性

感恩作为一种传统美德，在中华民族流传了上千年，一直被人们当作为人处世的基本准则，而感恩教育作为教育体系中的重要内容也不是今天才形成的，早在春秋战国时期儒家学派的代表人孔子就已经开展了感恩教育，只是感恩教育在当时并未形成系统性的教学体系。在之后的教学过程中，由于深受儒家思想的影响，感恩作为学生教育的重要内容一直被沿用至今。到近代，由于"立德树人"教育目标的出现，感恩教育为适应时代的发展而不断增加新的教育内容，以满足大学生学习的需要。

因此，在研究感恩教育的发展历史时，我们会发现感恩教育一直伴随着大学生教育体系的发展而发展，具有历史继承性。感恩教育作为一种实践性教育，不仅仅需要大学生的尊重，还需要大学生继承感恩传统，并将其内化为自己的一种品质，使感恩传统得到传承，从而让更多人了解感恩教育，乐于接受感恩教育，使感恩教育紧跟大学生教育体系的发展脚步，不断增加内容、创新知识结构。

（三）大学生感恩教育的层次

感恩包含"知情意行"四个方面的内涵，通过对感恩内涵的分析，大学生感恩教育可以划分为认知、情感及实践三个层次。感恩教育的认知层次也就是感恩内涵中的"意"，主要是指在对大学生开展感恩教育时，要注重提高大学生的感恩意识，通过正向的感恩意识来激发感恩情感的生成。感恩教育的情感层次是指通过对感恩内涵中的"情"的分析，可以引申出大学生感恩教育要重视感恩情感的生成，感恩情感是连接感恩意识与行为的桥梁，正确的感恩情感可以将感恩意

第六章　当代传统文化与大学生道德素质教育

识转化为感恩行为，实现感恩教育的最终目标。感恩教育的实践层次对应感恩内涵中的"行"，可以理解为感恩教育要积极引导大学生养成感恩行为，通过感恩教育使大学生将感恩教育的理论知识转化为自发的感恩行为，使大学生真正做到内化于心，外化于行。关于感恩内涵中的"知"，大学生在义务教育阶段就已经对感恩及感恩教育有所了解，为避免教育内容的重复，可以不必将其列为大学生感恩教育的重要内容。

1. 感恩意识提升

感恩意识的提高是实施感恩行为的先决条件，因此开展感恩教育首先就要帮助大学生们提高感恩意识。感恩意识作为一种心理意识，影响着人们对价值的判断，支配着人们的行为。

树立正确的感恩意识可以引导人们形成正确的价值观念，明白感恩的重要性，用感恩之心和正确的价值观去看待事物。同样，拥有感恩意识的人更能明白生命的珍贵，懂得感谢、珍惜生命。只有懂得感谢生命的人，才会爱护自己与他人的生命，懂得感恩他人对自己的付出。

我们不仅可以从教育主体去探究如何提高感恩意识，而且还可以从心理方面去研究相应措施。感恩心理是将感恩意识转化成感恩行为的枢纽，在感恩教育中发挥着重要的作用。感恩心理可分为两类，即积极的感恩心理与消极的感恩心理。积极的感恩心理能增强大学生的感恩意识，而消极的感恩心理则会影响大学生健康感恩意识的形成。

因此，在进行感恩教育时，一方面要帮助大学生养成积极健康的感恩心理。积极的感恩心理可以增强正面的心理活动，消除负面的心理活动，可以通过宣泄等方法调节情绪，稳定大学生的心理状态，以便引导大学生形成积极正面的感恩意识。另一方面，要重视对心理转变的引导，帮助大学生消除负面的感恩意识。一个道德素养较高且拥有正确价值观的人，会认为施恩者所给予的帮助是无条件的、自己不应得的，会看到帮助背后的善意，并产生将自身的感动回馈给对方的冲动。因此，要转变大学生心理，消除负面感恩意识就要对其进行积极的心理暗示，通过多种多样的方式潜移默化地改变其消极意识。

2. 感恩情感培养

情感是个体对客观事物价值关系的主观映像，能够激发个体的感恩行为，对个体人格的生成有重要作用。感恩情感分为积极的正向的情感与消极的负面的情感。感恩教育就是教育双方相互倾诉情感的过程，而倾诉正向的情感可以使大学生及时释放心中积怨，调整自己的心态，学会与外界建立正确的关系，并从这种关系中感悟感恩的真谛，形成积极的人生倾向，树立正确的价值观念。在高校的感恩教育过程中，情感的好坏直接影响着大学生能否树立感恩意识及做出感恩行为，而感恩教育的作用就是帮助大学生消除负面情感，形成正向情感。因此，高校必须帮助学生形成正确的感恩情感，要注重对情感的正向引导，在教育方式上不能只注重说教，要通过多种方式加强对情感事例的宣传。例如，在感恩情感事例的宣传中，不要将一个"伟人"的形象空洞地摆在学生的面前，这样只会让他们产生距离感，可以将事例还原到大学生日常生活的环境中，用事例中人物的情感走向及价值选择来引导大学生，使学生感同身受，形成感恩情感。因此，在大学生感恩教育过程中，高校可以采取多种多样的方式去帮助大学生形成正确的感恩情感。

3.感恩实践养成

实践是个体受思想支配而发出的外在活动，是个体意识的外在表现。感恩实践养成教育是指培养大学生受感恩意识的指引发出感恩行为的能力的教育。感恩行为不仅是感恩意识的最终展现，更是感恩教育的衡量标准。因此，大学生感恩教育不仅要培养感恩意识与情感，更要注重感恩实践的养成。

大学生的感恩实践由接受行为和报恩行为组成，要想让大学生养成良好的感恩实践能力就要从这两方面入手。

一方面，要引导大学生的接受行为。作为教育接受主体的大学生，在感恩教育的接受过程中会产生一个先前导向，即大学生在接受感恩信息时，会主动选择与自身认知相近的观点，排斥或忽略与自身认知相反的信息。这就是大学生在接受感恩教育信息时存在的偏差，带有浓厚的主观色彩，进而会影响后续的报恩行为。因此，在进行感恩教育时，要采取多种方式来提高大学生们的接受意愿，对大学生的接受行为进行有效引导，使其养成良好的接受行为。

另一方面，要引导大学生的报恩行为。首先，大学生作为家庭中的一分子，应当承担家庭责任，关爱家人，照顾亲人，孝敬父母，为父母排忧解难。其次，大学生在与老师相处中要懂得尊敬师长，在教学过程中积极配合，认真学习专业知识。再次，人是群居动物，大学生是生活在群体之中的，不能脱离群体而独自生活，因此，大学生不能仅考虑自身的发展，还要承担社会责任，养成良好的社会行为习惯。最后，要引导大学生积极主动维护国家的安全和利益，要大力加强爱国精神的教育，引导学生对国家政治及民族文化的认同；加强党性教育，让大学生坚定政治立场，坚定理想信念，始终跟随党的脚步。

第六章　当代传统文化与大学生道德素质教育

（四）大学生感恩教育的理论依据

1. 马克思主义人学思想

马克思主义人学思想的内涵可以大体概括为四方面，即以自由、自觉为特点的类存在和以社会关系为特征的社会性、个体本性、人的需要。

首先，类存在是指人是现有的、有生命的存在物。以物质的角度来看，大自然中的任何一种生物都是类存在，人不是唯一的类存在，但人具有思想性与精神性，导致人成为一种特殊的类存在。但不论人具备何种思想性和精神性，掌握多么强大的改造世界的能力，都不能脱离自然。人的思想性与精神性为人的发展提供了与生俱来的充满创造性的思维，使人的行动具有自由与自觉的特点。

其次，马克思认为："人的本质并不是单个人所固有的抽象物，而是在现实意义上的，一切社会关系的总和。"人是具备社会性的，人从出生开始就进入到了社会关系中——家庭关系。在成长与发展过程中，人会利用身边的关系构建一个属于自己的社会关系。而这些关系的存在，使人的行为不再以自由和自觉为特点，而是具备了规范性和规律性。

再次，个体本性是指人的个性，也就是人们之间的差异性，个体本性作为人最基本的属性之一，是区别人类个体的最根本的标志。马克思十分认同人的个性发展，认为人的发展的最高价值就是个性发展。马克思主义主张的全人类解放其实就是人的个性的解放，即人们在个性得到释放的同时又能保持一定的社会关系。人的个性决定了人的意识形态的发展和走向，因此个性不应该被抑制，应该被尊重。

最后，从人的物质属性方面来看，人是为了生存才开展实践活动的。而人与动物最大的区别就在于人是拥有思想性与精神性的具有社会属性的生物，因此，人的社会实践活动就是为了满足自身生存的需要。而满足生存需要的要求又推动交往的产生，从而推动人进入社会实践，扩展人的交往实践规模和水平。

马克思主义的人学思想引导我们要凸显大学生感恩教育的社会性。感恩教育就是教育者将感恩思想传授给受教育者，让受教育者内化为自身意识形态的过程。感恩教育使受教育者成为符合社会主流意识形态的人。社会性作为人的基本属性，体现在人的感恩活动之中，但并不是所有的感恩活动都能体现出社会性，只有在正确的道德与思想指引下的感恩实践活动是具有社会性的。而感恩教育就是要帮助受教育者正确实施感恩实践活动，让受教育者具备良好的道德品质和正确开展感恩实践活动的能力。

感恩教育要从学生的真正需要出发，尊重学生的个性发展。人的需要决定了人的走向，也决定了感恩教育的实施方法。由于每个人的个性和生存环境不同，所产生的需要也不同。实施感恩教育首先要了解学生的需要，根据需要的不同及时调整教育的内容和方法，同时也要考虑现实性，引导学生摒弃学生意识形态里难以满足的需要，为学生的发展提供精神支持。感恩教育的任务是让学生树立感恩意识，实施感恩行为。但实施感恩行为的方式不止一种，要尊重学生之间的差异性，理解学生意识形态和兴趣爱好的不同，根据学生的个性采取不同的方式，鼓励学生以多种形式实施感恩行为，满足学生发展的特殊需要。

2.传统文化中的感恩思想

提到中国的传统文化，人们就会不自觉地想起以孔孟为代表的儒家文化。儒家文化始于春秋战国时期，后经学者们的继承发展，在中国已有两千多年的历史，见证了中华民族的兴旺发达。在历史的长河中，儒家文化始终作为正统思想，最终成为一种文化体系。儒家文化历经千年，形成了众多优秀的思想，其中不乏对道德品质与民族精神的论述，但无论哪种思想，其中心思想都可以用忠、孝、节、义来概括。儒家文化虽未直白地提及感恩，但其所涉及的思想均包含感恩思想。"忠"字最早见于战国，是尽心尽力的意思，在封建时期指要忠于君王，辅佐君王，尽心尽责报答君王的信任。在新时代，忠则更倾向于爱党爱国爱人民，对待工作尽职尽责。"孝"在古代是赡养父母，敬重乡中长辈，报答父母养育之恩的意思，在新时代则可引申为敬老爱亲，敬爱兄弟姐妹，与亲戚朋友融洽相处。"节"指古代家庭中妻子要报答丈夫保护之恩的意思。儒家的家庭伦理思想注重夫妻间相互扶持的恩情，妻子感恩丈夫对家庭的保护，丈夫则感恩妻子为家庭的操劳，这是一种以相互感恩为基础建立的婚姻关系，而非以爱情为基础建立的家庭关系。随着时代的变迁，儒家的家庭伦理关系已转变为夫妻双方以爱情为基础，注重家庭伦理秩序和家庭和睦的新型关系。"义"泛指在与人交往的过程中，要诚信、友善，妥善处理好人际关系，铭记友人的帮助之恩。因此，在新时代，儒家文化可以概括为对生命的感恩认知、和谐发展的感恩认知、爱与责任的感恩认知及互利互惠的感恩认知。

而道家的"天人合一"注重的是人与自然的关系。老子在《道德经》中明确叙述："道大，天大，地大，人亦大，域中有四大，而人居其一焉。人法地，地法天，天法道，道法自然。"人不是独立存在的，人与自然是相辅相成的，人是自然的产物，自然又为人提供资源，不能将二者割裂。人要感激自然给予的生活资料，不浪费和滥用资源，要与自然和谐共生。自然环境作为人类赖以生存的基

第六章　当代传统文化与大学生道德素质教育

本条件，为人类提供基本的生存资源。人类在利用大自然的资源时，要心存感激和敬畏，要学会与大自然和谐共生。在新时代的背景下，要大力加强生态文明建设，提高学生的节约环保意识，做到绿色出行、低碳出行，实现人与自然和谐发展。

3. 习近平关于感恩教育的论述

"青年兴则国家兴，青年强则国家强。"十八大以来，习近平总书记高度重视青年教育问题，特别是青年道德教育的问题。习近平总书记强调："立德树人是中国特色社会主义教育事业的根本任务。学校办学要始终牢记为党育人的初心，坚定为国育人的立场，以树人为核心、以立德为根本，培育和践行社会主义核心价值观，努力培养担当民族复兴大任的时代新人，培育德智体美劳全面发展的社会主义建设者和接班人。"国无德不兴，人无德不立。做人是做学问、干事业的前提。立德是一个人做人的前提，没有崇高的理想和良好的品德做铺垫，大学生掌握再多的知识也不可能成为优秀的人才。要积极引导大学生践行社会主义核心价值观，脚踏实地地提高道德品质，懂得感恩，加强道德自律与行为自省，成为一个心中有大德大爱的人。

感恩作为传统美德的重要组成部分，近些年来被习近平总书记在讲话中多次强调。"广大青年要把正确的道德认知、自觉的道德养成、积极的道德实践紧密结合起来，自觉树立和践行社会主义核心价值观，带头倡导良好社会风气。"这是2013年在同各界优秀青年代表座谈时，习近平总书记对青年群体在道德养成方面提出的殷切希望。"面对美好岁月，要有饮水思源、懂得回报的感恩之心，感恩党和国家，感恩社会和人民。"这是2019年习近平总书记在纪念五四运动100周年大会的讲话上对青年群体提出的要求，希望青年常怀感恩之心。习近平总书记强调，新时代的青年大学生要热爱伟大的党和国家，用自身的奋斗来体现爱国之情，让爱国主义深深地镌刻在心中。一方面，大学生要在践行良好道德行为的基础上，不断提升自己的道德修养，学会用自己的双手去创造美好的未来。另一方面，大学生要在实践中练就过人的本领，以真本领去服务人民。这既是对国家的感恩回馈，也是承担自身责任的体现。作为国家的未来，新时代大学生更要学会感恩，懂得感恩，不断充实自己，做个对国家、社会有用的人。

除此之外，家风在提高感恩意识方面有着不可替代的作用，习近平总书记本人就深受良好家教的影响，特别注重家风的建设。他在写给父亲的祝寿信中曾写道："父亲的节俭几近苛刻。家教的严格，也是众所周知的。我们从小就是在父亲的这种教育下，养成勤俭持家习惯的。"在2016年会见第一届全国文明家庭代表时曾提到:"家风是社会风气的重要组成部分……家风好,就能家道兴盛、和顺美满;家风差,难免殃及子孙、贻害社会。"

习近平总书记时刻强调家风的重要性,也身体力行地向我们展示了良好家风对人的塑造能力。因此,广大家庭在教育子女的过程中,要注重对家风的建设,发挥好家庭教育的作用,做到言传身教,为子女的个体发展开个好头,为子女道德品质的养成打下基础。

4.西方关心理论以及马斯洛需求层次理论

美国教育学家诺丁斯是关心理论的创始人,她积极倡导关心理论,并认为学会关心是教育的另一种模式。她将关怀伦理学运用到道德教育中,改变了传统的以理论灌输为主的道德教育。关心是指将人或事物常放在心上,重视或爱护他们。而关心是构成感恩的一大要素,与感恩的双方关系一致,都是双方间的交流,一方付出,一方接受。

诺丁斯所提倡的关心则更重视责任感与付诸行动,她认为要培养出自觉自愿关爱身边人、事、物的人,就需要让人们在精神领域保持高度的责任感,对身边人常怀同理心,尽自己所能为他们排忧解难,以满足他们真正的需求。这种关心是一种感恩习惯,是不断地付出又不断被接受与认可。关心是一种人际关系,是关心者与被关心者之间的关系,是可以相互交流的关系;关心更是一种能力,要求人们善于观察别人的需求,满足别人需要,这有助于构建和谐的人际关系。关心为感恩教育提供理论基础,在大学生感恩教育中,要引导大学生站在别人的角度考虑问题,树立关心他人的意识。

马斯洛需求理论将人的需求按照强弱分为生理需求、安全需求、社会需求、尊重需求以及自我实现,这五项需求呈阶梯状分布。前四项为缺失性需求,最后为生长性需求,在一定程度上反映了人需求的特点,即人类的缺失性需求得到满足后,才会继而追求更高层次的需求。从需求理论来看待感恩,人首先要有感恩的需求,才会做出一系列感恩行为。首先,感恩需要满足基本生理与安全需求,当一个人颠沛流离、居无定所时,容易产生不平衡的心理甚至消极情绪。当最基本的生理与安全需要得到满足后,人开始渴望认可与被认可、爱与被爱,当感知不到别人给予的爱、感觉不到自己被爱,便很难学会去爱别人,也很难付出自己的爱,因而也谈不上感恩。随后,当前面提及的需求都被满足后,尊重与被尊重的需求也开始显露,人在得到肯定与认可后,内心会获得极大的满足感,则若想要维持这种满足感,就要学会尊重他人。当人受到施恩者的尊重与认可后,就会更愿意去施恩报恩。最后是实现自我发展的需求,这是实现个人理想与个人价值

第六章　当代传统文化与大学生道德素质教育

的需求。但是值得注意的是并不是低级需求得到满足后，人才能有自我实现的需求，只是当低级需求得不到满足时，会对高级需求的实现有一定的制约。

尽管这些理论是在资产本主义背景下产生的，但无论是西方关心理论还是马斯洛需求层次理论，都强调一颗感恩的心是形成健全人格的基础。我们不仅需要他人的关心，更需要关心他人，还要将对家庭的感恩之心延伸至社会、国家。

二、开展大学生感恩教育的作用

（一）提高道德感召力

大学生感恩教育是一种特殊的道德教育，具有提高道德感召力的作用。

一方面，感恩教育植根于中国的传统文化。中国传统文化中的感恩思想，主要是基于晚辈尊敬、赡养长辈的道德事实与伦理观念，并在演进的过程中逐渐延伸至人际纲常伦理，产生了特殊的社会属性。感恩已经积淀为中华民族的文化心理，体现在中华民族的伦理思想、行为规范、道德生活、礼仪、风俗习惯上。如"老吾老以及人之老，幼吾幼以及人之幼"（《孟子·梁惠王上》）等感恩思想已经成为社会价值观念的重要组成部分，也内化为人们的道德意识。大学生感恩教育以历史的纵深感和文化的延续性熏染学生，让其能够自觉认同传统文化和感恩教育。

另一方面，感恩教育具有明显的个体性。学生对家庭、学校、社会及他人的感恩，并非出于统一的要求或硬性的规范，存在着明显的自主性和自发性。感恩是人作为特定主体对给予自身恩惠的他人、社会和自然的感激心理，这就决定了任何个体的感恩意识及行为都与教育背景、生活经历、成长环境、经验感受等紧密相关。因此，大学生感恩教育必然落脚于学生的生活境遇、教育过程、同伴关系、师生交往等，这就意味着感恩教育必须尊重和依据个体的特征，因人而异地拟定并实施感恩教育方案，从而唤醒个体的感恩情怀。正是因为对大学生主体性和差异性的尊重，高校感恩教育才具有强大的道德感召力。

（二）催发情感亲和力

大学生感恩教育是以情境激发学生情感的教育形式，具有催发情感亲和力的作用。心理学的相关研究已经证明，大学生的理性思维和情感都达到了较为成熟的水平，对道德概念的理解已经达到或接近本质，尤其在对社会概念的掌握上表现得最为明显，并形成了较为稳固的价值观念，其道德信念在道德动机中的主导

作用日趋明显。此时，这种信念是观念、情感和意志的统一体，具有稳定性和长效性等特点，在大学生实施感恩行为的过程中占主导地位。因此，高校开展感恩教育不能直接进行理论灌输，否则只会事倍功半，甚至让学生滋生叛逆心理。

大学生感恩教育既要对大学生晓之以理又要动之以情，以动情为主、以说理为辅。当然，在感恩教育的过程中，若想让教育者与受教育者之间产生积极的情感交流，并让后者拥有积极的情感体验，必须借助于相应感恩情境的搭建。

可以说，感恩情境既是客观存在的感恩事件，又是经由认知主体甄别和确认的结果。教师可以选择大学生日常生活中的"感恩点"作为教育内容，通过营造良好的情境来激发学生的感恩情感，并使其在学生之间相互传递，以感恩之情密切人与人、人与社会相互联系的情感纽带。感恩情境可以有效提升学生的认知水平，让学生切身体验进而激发其感恩情绪和情感。高校感恩教育的过程是主体构建感恩环境、感恩情境的过程，实现了情境性和情感性的统一，因此可以催发情感亲和力，真正能够让学生内化于心，进而外化于行。

（三）营造和谐的社会关系

培养具备感恩品质的高素质人才对于营造和谐的社会关系、建立富强民主文明和谐的社会主义强国具有重要意义。从古至今，和谐的社会关系一直是人们对于美好社会的追求，而且也是我们中国共产党的不懈追求。和谐的社会关系不仅包括人与人之间、人与社会之间的关系，而且还包括人与自然之间的关系。

首先，良好的人际关系是社会和谐的必要条件。感恩作为一种处世哲学，对大学生进行感恩教育实则是在教导学生应该如何和他人相处。在人际交往中常怀感恩之心能正确感知到他人的帮助、尊重他人的付出、体谅他人的难处，以平等、角色互换的姿态去对待身边的人、事、物，不图回报地去主动帮助他人，能获得身边人的赞许与尊重，获得极大满足感与归属感，形成良好的人际交往环境。人与人之间友善往来，快乐而充实。

其次，个人发展与社会进步相辅相成。良好的社会环境为个人发展提供可能，人们在享受社会给予的便利时，要不断提高自我知识与修养，造福身边的人，怀着感恩之情承担起建设和谐社会的责任。

最后，人与自然和谐相处是人类赖以生存的基础。自然的供给是无声的、不求回报的，但并不意味着可以肆意挥霍。加强大学生感恩教育，让大学生认识到人与自然是相依相存、共生共荣的关系，要时刻感恩自然的给予，按照自然规律开发与利用自然，与自然和谐相处。大学生能主动理解父母、老师、朋友的付出,感恩党和国家、社会、自然的给予,常怀感恩之心,与他人、社会、自然和谐共处,主动施恩、报恩,必然可以承担起构建和谐社会关系的重任。

(四)传承中华传统美德

中国作为四大文明古国之一,在五千多年的历史长河中创造了许多优秀的文化,形成了众多传统美德。其中以"孝"为根基的感恩文化在近些年来尤其被重视,成为学者们研究的对象。"百善孝为先"是儒学的核心文化之一,对中华文化影响深远的儒学要求我们不仅要在物质上满足父母,更要在精神上关怀父母。感恩不仅是对父母形式上的顺从,更是对父母真正意义上的尊敬和感恩。然而,传统的儒学并没有将感恩的对象止步于父母,而是在文化的发展中将感恩的对象上升至国家,讲求"家国同构,忠孝一体"。感恩在历史发展的不同时期有着不同的文化内涵。在新时代的背景下,儒学的孝文化与大学生感恩教育的内涵相契合。感恩教育就是让学生懂恩、知恩,增加对家庭、社会的认同感与责任感。同时孝文化的源头与血缘、亲情紧密相关,是一种自然属性。因此,新时代的感恩教育继承发展了中华传统美德,中华传统美德也增强了感恩教育的亲和力。感恩教育的亲和力促使大学生把感恩内化为自身的心理需求,增强对感恩的情感认同,从而增加对感恩教育的认同感。

除此之外,"兼相爱,交相利"的平等感恩思想,要求我们重视施恩者与受恩者的平等关系,主张爱是双方互动的结果,若想得到爱就要先付出爱,要懂得换位思考,学会站在他人的角度看待问题,不能只考虑自身利益。"今施人薄而望人厚,则人唯恐其有赐予己也"说的是,布施出去的很少,但希望得到的回报却很多,这样的话,别人就不敢接受你的布施,即处理人际关系时,要做到互利互惠。"兼爱"中的平等感恩思想不仅适用于战国时期,同样适用于今天,对当今社会中的以怨报德、知恩不报及拜金主义行为都有很好的正向引导作用,在约束行为方面有着积极意义。

(五)提升大学生的幸福感

大量的心理学研究表明,感恩对个体的幸福感具有预测的作用,可以提升个体的幸福感。对于感恩是如何提升人的幸福感这一问题,心理学家罗伯特·埃蒙斯认为,感恩情感源于两个信息处理阶段,一是要发现并认同生活中美好与友善的东西,二是要懂得这种美好与友善是他人所给予的。而弗莱德里克森的感恩建构理论指出,感恩不仅可以拓宽个体的主义范围和暂时思想,而且还可以改变个体的行为脚本，使个体感受到来自他人的关心，从而提高个体在社会生活中解决问题的能力，进而提升个体的幸福感。

近些年来，由于人们道德的不作为，道德冷漠一词频繁出现在人们的视野中，成为人与人交往的隔膜。道德冷漠指在思想上否定生活中善和美好的东西，在行为上对他人漠不关心。这种思想导致的直接结果就是道德的不作为，割裂了人的社会性，拉长了人与人之间的距离，降低了人与人之间的信任，增加了人与人之间的隔阂，最终会破坏社会的和谐稳定，以致出现见死不救、围观起哄等现象。

感恩是连接个人与他人的纽带，对大学生进行感恩教育，不仅可以缓解道德冷漠，而且还可以让大学生在与他人的交往中将所学到的感恩教育知识加以运用，逐渐影响、改变他人，使其消除小我的自私，懂得关心关怀他人。同时感恩教育可以使大学生养成健康的心理，能够正确、客观地看待自己与他人的关系，在处于逆境时，保持积极乐观的精神面貌。感恩教育不仅教会人们对自己所得心存感激，知足常乐，而且让人们懂得尊重和感恩，体验到爱的传递，领悟到幸福的真谛。因此，感恩教育在一定程度上缓解了道德冷漠，开阔了大学生的心胸，提升了幸福感。

（六）促进大学生全面发展

锤炼大学生品德、使其践行社会主义核心价值观是教育的根本任务，也是学校肩负的使命。感恩教育作为提升大学生道德素养的有效途径，不仅能够锤炼品德，而且还可以帮助大学生践行社会主义核心价值观。学校开展感恩教育一方面能够增强学生的责任感和担当意识，让学生们学会感恩，在日常的生活中懂得回馈他人，乐于奉献，消除"个人至上"的思想，在危机时刻勇于承担责任，担负起自己的使命，回馈党和国家；另一方面，可以使学生更好地融入集体，提高集体意识，摒弃小我，为实现集体目标而奋斗。

新时代要求学生德智体美劳全面发展，其中"德"是关键，一个人只有德行良好，懂得感恩，才能将自己所学的知识回馈给国家，才能推动中华民族伟大复兴。

三、大学生感恩教育的现状

随着经济全球化的深入发展，西方的文化理念、价值观念开始大规模涌入国内，并对大学生的成长和发展产生了极大的影响。这既给高校教育创造了融合

第六章　当代传统文化与大学生道德素质教育

古今中外教育思想和资源的机会，同时也导致了一部分大学生价值信仰和道德观念的紊乱，以致迷失了方向。部分高校的感恩教育难以获得稳固的立足点，出现了感恩意识培养不够、感恩思想教育不足与感恩行为引导不力等问题，从而导致部分大学生在家庭生活中忽视亲情、在学校生活中忽视恩情、在社会生活中忽视责任。

（一）大学生在家庭生活中忽视亲情

大学生感恩教育一直受到各大高校的重视，并开设了相关课程，但依旧存在目标模糊、内容零散、方法单一、效果甚微等问题。尤其是当前大学生大多为独生子女，始终处于家庭生活的中心，为促进其成长，家长提供了极为优越的生活条件和生活氛围，并尽可能地满足其提出的各种物质方面的要求，然而这种无私的付出也产生了一些不好的效果，主要表现为子女在家庭生活中以自我为中心、不够重视家庭亲情、缺乏应有的感恩意识和行为。由于家庭背景、教养方式和生活经历方面的差别，独生子女在感恩意识、感恩情感和感恩行为层面显著弱于非独生子女。加之高校未能对大学生的感恩情感和感恩行为进行合理的培育和引导，导致大学生的感恩品质虽然整体发展良好，但各维度之间的发展极不均衡，其中感恩认知水平相对较高、感恩情感体验和情感表达相对较差、感恩行为的缺失情况尤为显著。这说明大学生并非"冷漠自私""不懂感恩"的群体，而是意味着高校必须开展针对性的感恩教育。大学生在家庭生活中忽视亲情，缺乏应有的感恩情感和感恩行为，将难以建立起健康的人格，不利于身心健康，这在一定程度上也导致不知感恩现象的频繁出现。

（二）大学生在学校生活中忽视恩情

大学生主要生活在高校中，而高校开展的一切教育教学活动都是为学生的成长和发展服务的。学校中的每堂课都浸润着教师的辛勤劳动，值得学生去学习并产生感恩之情。然而，不少大学生忽略了学校的培育之恩，对学校意见很大，甚至将师生之情看作"商品"。这种思维和观念直接影响了师生之间的情感交流，也影响了学生的感恩认识和情感。正是由于这种观念，学生在学校生活中稍有不顺就会不停抱怨，甚至对教师采取过激行为，从而激化师生之间的矛盾。这种情况也出现同学之间的交往活动中，部分大学生只顾自身利益而忽视友情，对同学的帮助不知感恩，甚至为了攫取利益采取卑劣手段。学校生活是大学生正式步入社会生活之前的过渡，而他们因不知感恩而难以维持良好的人际关系，将不利于

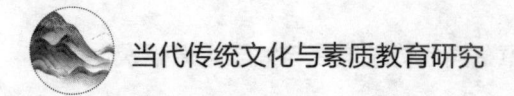

自身的社会化进程。

（三）大学生在社会生活中忽视责任

国家、社会的发展是个人自身发展的前提，也是个人实现自身价值的基础。对于大学生而言，亦是如此。国家和社会为大学生的成长提供了优越的教育条件和物质保障，也提供了发展的可能性。因此，大学生在社会生活中应该学会感恩，将自身的发展和国家、民族的发展结合起来，使二者相互成就。

大学生的感恩意识与亲社会行为之间存在显著的正相关关系，且大学生的感恩水平和亲社会行为倾向处于中等偏上水平。然而，由于功利主义、拜金主义、利己主义等社会思想的冲击，加之高校感恩教育存在感恩意识培养不够、感恩思想教育不足与感恩行为引导不力等问题，部分大学生将国家、社会的支持和帮助视为理所当然的事情，在社会生活中表现得较为冷漠，部分大学生故意不偿还国家助学贷款、不遵守社会公德规范、不参与社会公益活动、不关心国家政治活动。甚至部分大学生片面地看待国家的发展和存在的问题，以存在的问题掩盖国家发展取得的成就，缺乏民族复兴自信，总是将自身拘囿于私人利益领域，对国家的前途漠不关心，不懂得回报社会。部分大学生缺乏对国家、社会的感恩之情，在社会生活中情感淡薄，只追逐个人利益而忽视社会责任。

高校作为大学生走向社会前的最后一个教育环节，在他们成长和发展过程中发挥着极为重要的作用。因此，面对部分大学生缺乏感恩意识、感恩情感和感恩行为的问题，高校有必要将感恩教育作为德育工作的重要内容，重新构建具有新时代属性的感恩教育实践路径。

四、传统文化融入大学生感恩教育的路径

（一）把传统感恩文化纳入课程体系

高校可以以感恩文化为切入点，依据不同主题把传统感恩文化贯穿于课程设计中，建构完整的感恩教育体系。例如，在《思想道德修养和法律基础》课程中加入中国传统的孝道文化，引导大学生感恩父母、知老养老、尊老敬老，使其自觉传承优良家庭美德。在传统文化中提炼出一系列爱国故事，将其纳入爱国主义教育课程内容中，培养大学生的爱国情怀，弘扬中国精神。将传统文化中的仁爱礼敬的思想与思政课程中传承中华美德的内容相融合，提升大学生的道德品质，让大学生学会爱人、举止有礼，引领社会道德风尚。天人合一的思想可以与《毛

泽东思想与中国特色社会主义理论体系概论》课程相结合,让大学生学会感恩大自然的赋予,从而更加注重保护生态文明。通过上述方式,不同内涵的感恩文化与不同主题的思想教育融为一体,感恩教育也逐渐体系化。

(二)构建"校家人网四位一体"新格局

已有研究发现,大学生在感恩总分、对社会的感恩、对自然的感恩、对家人的感恩和对他人感恩等方面的得分均较高,并且显著高于已毕业工作的社会人群。首先,学校要充分发挥高校教师教育和引导的作用,将中国传统感恩文化作为一个重要课题与课堂教学相结合。高校辅导员可以以感恩教育为主题开展班会,也可以与团日活动相结合,还可以跟学生的第二课堂的实践活动相融合。其次,感恩父母应该是感恩教育的起点,因为只有懂得感恩父母才会感恩社会、感恩国家,由小及大,由家及国。父母除了日常的思想引领,更重要的是充分利用寒暑假的时间,将传统感恩思想融入生活实践活动中,提升大学生的感恩意识。再次,大学生是中国传统感恩文化学习的主体,我们应让大学生根据自己的兴趣主动了解和学习中国传统文化中的感恩思想。最后,社会各界尤其网络媒体应当加强网络文化建设,将传统的感恩文化与现代技术手段和时事热点相结合,充分发挥网络优势,增强传统感恩文化的宣传力度。

第三节 传统文化与大学生修身教育

一、大学生修身教育的价值

当代大学生是民族的希望与未来,在为人民谋幸福、为国家谋复兴的征途上,每一位大学生都肩负着重要使命。但在市场经济条件下,大学生思想意识受到的冲击也不容忽视。所以,大学生就必须加强自身素质,严以修身,坚持以社会主义核心价值观为指导。

(一)有利于大学生形成积极健康的心态

简单来讲,修身就是修养自己的身心,通过对自身的认识与反省,不断修正自己的方向,进而推动自己朝着正确的道路前进,使得自己的身心达到一个平和的状态。在大学期间,有些大学生学习动力不足,学习目标指向性不强,对自己的定位与人生方向缺乏正确的认识,于是产生了自由散漫的情绪,浑浑噩噩地度过大学时光,极大地阻碍了个人的发展。修身可以帮助大学生形成一种平和稳定的心态,能够引导他们形成正确的自我认识,客观地评价自己,并以此来引领大学生做好人生规划。与此同时,修身还可以帮助他们调节情绪,使其在面对变幻莫测的外界环境时,仍然能够保持一颗积极向上的心、一种平和稳定的心态,勇敢面对并解决现实的困难。只有大学生的情绪能够得到适度表达与宣泄,才能够避免由于情绪变化带来的过激行为,使大学生保持心情上的愉悦,形成积极健康的心态。

(二)有利于大学生构建和谐的人际关系

"己欲立而立人,己欲达而达人。"在修身的过程中不仅需要成"人",更重要的是成"仁",要做到推己及人,用自己的爱心、善心去对待别人以及社会。当今世界充斥着形形色色的诱惑,过分地追求个人主义,在与人交往的过程中只顾及自身的利益,一味地将自己的意愿强加于他人,最终只会导致人际关系紧张。而修身则可以引导大学生正确处理自己与他人之间的关系,加强他们与同学、老师们之间的联系,使他们在大学校园中能够收获到宝贵的同窗友谊和师生情谊,营造出和谐的交往氛围。除此以外,大学生通过修身,可以学会从多种角度思考问题并且反省自己。当他们遇到矛盾时,懂得换位思考,能理解别人的苦衷与难处,进而共同解决面临的问题,在解决的过程中加深双方的感情,更有利于和谐关系的形成。

(三)有利于大学生形成完善的道德人格

修身可以帮助大学生修复人格上存在的一些问题,形成完善的道德人格。人格完善的过程是主体通过自我教育使道德内化于心的过程,同时也是社会对于主体进行评价以及影响的过程。

大学生通过修身可以不断地接纳自我、悦纳自我并且适应社会环境。修身既能够帮助大学生正确地认识自己、评价自己,也能够提升其思想道德修养,进而修复他们人格上存在的一些问题。新时代大学生群体中偶发极端案例,例如,当他们考试失利、做了错事被老师责怪或恋爱遭遇挫折时,容易选择采取极端的方式来解决问题,归根究底,是因为这些大学生的自我修养还不够高,不知道如何正确地解决问题。修身可以帮助他们反省自身,学会正确处理事情,这在一定程度上可以帮助他们修复自身所存在的人格障碍问题。与此同时,大学生通过修身

第六章 当代传统文化与大学生道德素质教育

可以提高对社会的观察能力以及适应能力,不断提高自己辨别是非的能力,促使他们不断完善自身,不断打磨自身的本领,锻炼坚韧不拔的意志品质。

二、大学生修身教育存在的问题

(一)修身意识有待加强

修身是个人对自我思想和行为的规范和调整,是对自我道德的要求与期待。在科技高速发展的时代,极少数大学生沉迷于网络世界,对国家大事、民族前途漠不关心,虽看似表现得积极向上,但他们恐怕也只是一个"精致的利己主义者",只想着为自己谋点私利,让自己以后的路更好走一点;也有人满嘴的仁义道德、励志报国,却在大是大非面前严重缺乏爱国意识和政治信念,麻木不仁,甚至做出一些极不理智的事情,授人以柄。如今的大学校园里,也可能存在一些不良现象:轻诺寡信,手段各异、层出不穷的作弊手段,请客送礼、花钱买证、弄虚作假。有的学生虽能保持良好的道德风尚,但却对周围的不正之风,甚至是违法犯罪行为视而不见。除此之外,在校园里乱扔垃圾,随意损坏公物;在教室、图书馆、宿舍楼等公共场合大声喧哗;缺乏最基本的礼貌,不尊重同学、师长,不尊重他人的劳动成果;在公共场合谈情说爱等现象时有发生,体现出某些大学生诚信意识缺乏、公德心缺乏的现状。

(二)辨别是非的能力有待提高

在大学中,教师传授给学生专业的学科知识,希望他们能够学有所成,并且将所学的专业知识运用到今后的工作当中。但是,如果对学生的教学只停留在专业课知识层面,缺少对学生的道德引领,这必然导致大学生缺乏辨别是非的能力,进而使得大学生盲目从众,对哪些事情该做、哪些事情不该做无法做出正确的判断,出现内心意志与实践行为背道而驰的情况。有的大学生个人意志力尚薄弱,是非难辨,做事时容易意气用事、莽撞冲动,最终导致他们对实现自身价值以及自我修身教育失去信心,对社会发展产生不利的影响。

(三)健康的生活习惯有待养成

不良的生活习惯已经成为众多大学生普遍存在的问题,新闻以及网络媒体上均曾报道过大学生因熬夜而猝死等一系列相关事件。进入大学后,许多大学生脱离父母的怀抱,他们一直以来都是在父母的悉心照顾之下生活、成长的,也从未离开过家乡去异地求学。由于长时间处于被照顾的环境下，没有独自生活经历，有的大学生难免缺乏必要的生活自理能力。在这样的背景下，大学生的生活方式不可避免地暴露出诸多问题。在大学生群体中，熬夜现象屡见不鲜。习近平主席曾告诫当代青年不要经常熬夜，要学会合理安排自己的学习与娱乐的时间，根据自身的具体情况进行实时地调整，养成良好的作息习惯。随着网络媒体的快速发展，新时代大学生购物以及饮食方式也随之产生很大的转变，形成了一种"宅"文化，也就是足不出户，在网络上进行购物和点餐。大学生们长期以来形成的这种宅在宿舍的生活习惯，导致自身锻炼的意识逐渐丧失，身体素质也随之每况愈下。

（四）社会责任意识和担当意识有待提升

新时代大学生怀揣远大理想，渴望能在自己感兴趣的领域闯出属于自己的一番天地，证明自己的价值，于是他们张扬个性，思维和做事风格都追求与众不同。年轻人有这种想法、做法可以理解，但是由于受到西方腐朽思潮的影响，个别大学生过度以自我为中心，推崇西方的自由主义与个人独立思想，缺乏大局意识和集体意识，割裂个人与社会之间的联系；在家庭当中忽视父母的关心，与父母缺乏沟通，一味索取却不知感恩；在社会上，对社会现状漠不关心，对不涉及自己利益的社会问题视若无睹，这就失去了本真，与中国传统文化所倡导"仁者爱人"的价值追求大相径庭。新时代大学生在张扬自我的过程中缺乏自我约束，过于强调个人价值的实现和个人利益的获得，这是缺乏社会责任意识和担当意识的外在表现。

另外，由于大学生正处于"三观"形成期，极易受到外界各种不良诱惑的影响，个别大学生因此形成了错误的义利观。少数大学生一味地追赶潮流，不顾自身以及家里的经济状况是否能够承受，有的利用上课时间去校外兼职，更有甚者通过网络贷款以获取资金，债台高筑，甚至在校园贷款中上当受骗，最终付出惨痛代价。当少数大学生为了个人的利益而不惜采取一些非常规的手段以及渠道，幻想能够在不付出劳动的情况下轻而易举地获得利益时，这种错误的义利观会让他们在个人修身的过程中丢失自我，放弃对道德信仰的追求，甚至走上违法犯罪的不归之路。这将会对经济的发展以及社会人才队伍建设带来不利的影响。

三、传统文化融入大学生修身教育的路径

（一）优化育人环境，营造浓厚修身氛围

大学生修身观的培育还要立足于优良的育人环境之中，营造浓厚的修身氛围有利于大学生树立正确的修身观。家庭是大学生最初的感情来源，家风也是大学生最初具备的文化气息。习近平同志非常注重家风的建设，强调家风的熏陶作用不会因为时代的变迁、社会的高速发展而有所减弱，反而会越发浓烈。良好的家风是一个家庭的美德的体现，是家庭活的灵魂，是促进大学生提高道德修养的积极因素。家风的传承也是对中华民族优秀理念的发扬。

首先，要促进良好家风的建设，使家庭美德发挥引导作用，要注重家庭的和谐美满，加强家人之间的沟通交流，营造充满欢声笑语的家庭氛围，营造一种积极向上的紧跟时代步伐的家风。

其次，要重视包容互信、勤俭节约等家庭美德。家庭美德是良好习惯养成的基础，是正确价值观念的体现。家庭美德可以使大学生在人际交往方面更加从容自如，不会因为些许的小摩擦而心里郁结，也不会养成奢靡浪费的习惯，因此，家庭美德的培育是大学生健康学习、生活的保障，也是大学生修身教育的助力。

再次，校园文化也是大学生最常接触到的文化氛围，和谐校园的营造也是培育修身观的重要契机。校园文化的内容比较广泛，体现了学校的文化实力，是学校的精神文明的内容，也是文化育人氛围的展现。校园文化也是社会主义核心价值观的体现，能够引导大学生养成良好的道德规范，树立正确价值取向。要提升校园文化氛围，首先要将传统文化修身观的优秀理念融入学校社团的创建，注重理念的宣传，如拉横幅、贴标语等，形成以鲜明的文化理念为特色的社团。同时辅导员或思政教师要定期定时进宿舍与学生谈心交流，分享一些生活学习经验与励志经历，引导大学生积极实现人生理想。高校要营造浓厚的校园文化氛围，并建立相应的制度共同为大学生的成才保驾护航。

最后，社会风气的整治也是一个重要的环节，虽然大学生接触社会的机会并不多，但社会环境是可以潜移默化地影响一个人。因此，必须注意社会的不良风气对大学生道德信念的养成的影响。政府部门应该加强对社会主义核心价值观的宣传引导，不断修改完善相关法律制度，共同营造良好的修身氛围。

（二）借鉴礼制思想，构建有机人际交往关系

在中国传统文化中，"礼"的含义十分广泛，它不仅包含了忠、孝、节、义等做人准则，而且涵盖了社会生活的方方面面，被人们视为几千年来维系中华民族团结的道德基础，甚至被看作一切社会秩序的总括，以至于中国社会的一切秩序都用"礼"来衡量。"礼"作为中国传统文化中的一种制度规约、精神规约，对于人们的人际交往具有极其重要的意义。毋庸置疑，讲礼仪是人的美德。它是调节人际关系的最好的标杆，有礼有节，大家彼此感到愉快，就是一种和谐。从人际交往的角度看，"礼"作为风俗习惯、社会制度，其内涵中包含了道德价值的基本要求和目标取向，在社会生活中人们的现实交往、沟通交流、人身行为与生产劳动无不彰显着这种内隐的道德价值。

孔子认为"克己复礼是谓仁"，强调"礼"是克制欲望，是自身控制力的体现，人际交往也是一个不断自我控制的过程，与礼的价值取向一致。"礼"的实质是人伦社会规范，其本质在于让人践履一定的社会规范，彰显和传递规范中所蕴含的价值理念、道德标准、风俗习惯。在对"礼"的实践中，身体行动是其存在的重要体现，而心灵中的道德价值理想则是其核心。现代社会的大学生变得冷漠、功利，甚至容易出现极端思想，如何将礼制思想升华为大学生自觉的行为机制，是教育要解答的问题。古代礼制思想是贯穿教育全过程的，礼制礼节都是教育的内容，要求受教育者对父母兄弟要孝悌、对朋友要讲究礼貌。一方面，要在学校、家庭中倡导礼的规范观念，可以因地制宜地规定一个符合自身发展需求的、重在解决突出问题的道德规范，将其设定为家庭成员或者学校师生共同自觉维护的礼文化。另一方面，学校要多开展学礼的活动，将礼制思想当作每学期的一个作业，要求大学生每学期开学前都要提交一份关于自身在学习、生活过程中符合礼的行为报告。这就在无形中使大学生树立了一个价值观念，即为人处世的言行都有一个尺度。礼制思想是一个突破口，是道德人格形成的基础，也是正确价值取向的外在表现形式。

第七章　传统文化融入大学生素质教育的整体实现路径

传统文化是中华民族五千年的智慧结晶，其必须主动积极地、有机协调和相互促进地配合大学生素质教育，所以本章从课程教育、校园文化、社会实践、网络媒体等方面入手，努力寻找传统文化与大学生素质教育的整体实现路径，以便能够更好地提升传统文化育人的实效性。本章分为课程教育路径、校园文化路径、社会实践路径、网络媒体路径四部分。

第一节　课程教育路径

一、优化教材设计

教材设计是传统文化融入大学生素质教育体系的重要环节之一。将传统文化中的优秀教育思想分别融入高校课程与教材设计中，对传统文化的多元化发展也能起到积极作用。传统文化中的教育思想一旦融入高校课程教材设计中，将会对高校传统文化课程产生积极影响。

高校教材编写和课程开发环节可以体现出传统文化的内涵。传统文化融入教材也在引导着高校学生树立正确的文化观念，使中华民族的归属感和认同感得到加强。高校应以思想政治内容为主，专门开设传统文化经典诵读、书写等主修课程，并且大力支持传统文化教材的研发，建设传统文化资源库。在传统文化教材中标明两大任务，第一个任务是将原有传统文化中适合大学生素质教育的思想进行改造，重新融入高校课程中，使其焕发生机；另一大任务是将传统文化中不适合大学生素质教育的思想，进行彻底排除。

第一，在课程建设和课程标准修订时强化传统文化内容。高校应在修订专业教材时适当加入传统文化内容。在课堂教学中，教师要结合教材向学生渗透传统文化相关内容。教材内容以专业知识为主，传统文化为辅。高校充分利用本地历史文化及其背后的教育意义，结合高校教材进行编写，并且开设传统文化专题课程和校本课程。高校可以将传统文化相关课程作为必修课，并且增加选修课中传统文化相关课程的覆盖面，充分发挥高校德育课和高校思想政治理论课的重要作用。

第二，采取融会贯通的教育方式。将传统文化中具有论述性与原理性的篇章进行统一编排，传统文化中的其他内容按照独立篇章进行编排。通常情况下高校会采取融会贯通的方法，将传统文化中包含的优秀教育思想，融入专业教材本身的体系当中，使传统文化思想中的优秀精神与现代高校专业技能知识融为一体。

第三，教材强调教育能力的培养。我国传统文化中蕴含的教育思想非常丰富。在高校教材中，着重编排传统文化中育人的教育思想，如仁者大爱精神、诚实守信精神、自强不息精神和与时偕行精神。在素质教育教材修订方面，将思想政治与传统文化中的教育精神进行融合，以爱国精神与自强不息精神为核心，对传统文化内部教育资源进行深入挖掘，其中包含的教育精神会丰富高校素质教育的内容，创新思想政治课程与德育课程的教学方法。

二、优化高校课程设置

(一) 将传统文化融入高校的专业课教学中

专业课是大学生学习自己本专业知识的重要课程，在所有课程中占有重要的地位，因此在专业课的设置中高校也应该努力将传统文化融入其中，针对文科类大学生，高校可以适当地增加更专业的课程，如可以为中国汉语言专业的学生专门开设修辞格律课、民俗课、诗词鉴赏课等课程，这样有利于文科学生更加全面和深入地学习传统文化；针对理工类大学生，由于他们本身的文学素养大多低于文科生，因此在教材编订和选择上应该侧重于容易被理解的，从而将与传统文化知识相关的内容渗透到专业课程中去，这样既有利于增强大学生对学习的兴趣，还能增强大学生的文学素养，从而增强自己对所学专业的自豪感，所以高校要努力将人文和科学精神贯穿于专业教育。

第七章 传统文化融入大学生素质教育的整体实现路径

（二）开设有关传统文化教育的专门课程

习近平总书记多次提到传统文化是中华民族的"根"和"魂"，对于当代大学生性格的塑造、树立文化自信都有重要的作用。然而在实际教学过程中，大学作为弘扬优秀传统文化的主要阵地，大学生对传统文化的内容知之甚少，尤其是理工科学生。

因此，为了让大学生系统地学习到传统文化，高校在制定大学课程时，应当有计划地增加传统文化课程，使大学生通过学习，树立高远的个人理想，产生弘扬传统文化的使命感。武汉音乐学院谭军教授于2002年在全国首开《编钟古乐》课程，在2014年被湖北省教育厅授予"精品课程"称号，许多青年学生通过对古乐编钟的学习能够进一步引导自己自觉守护传统文化，传承华夏文明。

（三）适当增加专门的大学生优秀传统文化教育课外读物

2017年，作为传统文化重镇的中华书局，策划出版了《传统文化百部经典读本》（全100册），为方便读者从琳琅满目的书籍中挑选适合的读物提供了有效的参考标准，高校可以将其列为大学生学习传统文化的课外读物，同时也可以将一些本地区作家的作品列为课外读物，学生学习或阅读起来既容易产生共鸣，也可以从文学作品中挖掘当代文化及地方精神特色。

（四）将传统文化融入高校的"两课"教学中

在我国现阶段，高校进行思想政治理论教育最重要的阵地就是"两课"教学。因此将传统文化融入高校的"两课"也是刻不容缓的，如在《马克思主义基本原理》中融入儒学的"二端"说、"中庸"论以及"和而不同"等辩证法思维；在《毛泽东思想和中国特色社会主义理论体系概论》中融入中国人在推翻三座大山过程中艰苦朴素、不屈不挠的反抗精神；在《思想道德修养与法律基础》中融入优秀传统文化中"修齐治平"精神来塑造大学生的人格；在《近现代史纲要》中融入英雄精神……通过优秀传统文化进教材、进课堂等方式，真正把优秀传统文化转化为教学内容，让大学生充分认识传统文化的精神实质，真正让中华民族的文化基因和精神命脉内化为广大青年学生的行动指南和价值追求。

同时，在授课过程中，可以将校史放到《近现代史纲要》里进行讲述，因为校史也是传统文化密不可分的一部分，而且大学生在被问及"对所在学校的校史、院史、学科史的了解如何"时，超过一半多的学生回答"一般了解"甚至是

"不了解",所以将校史融入教育内容中是有必要的,校史内容的教授在丰富学生认知的同时,又能让学生在感受母校的发展历程中增强对学校的认同感和忠诚度,能够自觉地承担起繁荣学校的责任和意识,让学生都能成为以后学校的代言人和传承者。

(五)开设必修课,优化选修课

高校要按照《关于实施传统文化传承发展工程的意见》精神,进一步推动开设传统文化必修课,并设置一定的学分促使学生更加积极自觉地参与其中。诸如汉语言文学类和国学类等科目设置成必修课,并保证不低于10分的学分。同时还要敢于打破各个学科之间的壁垒,逐渐实现各个学科之间的相融,增进大学生对传统文化的认知、体验和记忆,构建正确的文化观,深化对传统文化的认同感,推动传统文化面向大学生群体进行传播。

为了学生能够更充分、自由地选择自己感兴趣的课程,有条件的高校应该尽可能全面的增加选修课的数量。同时,为了避免学生选修优秀传统文化的功利性学习,学校可以采取学生喜闻乐见的形式呈现在学生眼前,如开设优秀传统文化的老师可以借助微信或微博账号,以投票的方式让学生选择下节课的授课内容或授课形式,这不仅体现了以人为本的思想理念,也让大学生能够真正参与到课程的设计中来。

课程内容设计时应该涉及一些大学生比较关注的焦点、热点以及难点问题,这样也使教师在讲授传统文化的针对性强、目的性明确,让优秀的传统文化在实际问题中发挥作用,也使学生能够学以致用。例如,想创业的学生可以给他分享一下《孙子兵法》俗话说"商场如战场",活学活用,吸引学生的眼球。此外,还要在课程的学习过程中培养学生的文化自信,唤起大学生强烈的民族自豪感,使学生能够自觉地去弘扬和传承传统文化,使民族文化在青年一代的手里大焕光彩。

综上所述,在课程设置上,高校一定要高度重视对传统文化内涵的阐释,要将传统文化从深不可测的空中楼阁中解放出来,运用深入浅出的非学术语言来讲述学术性的内容,真正做到以学生为本,这样既有助于弥补传统文化教育课程教材内容大而空、隐晦难懂等的缺陷,又有助于为大学生解决现实生活中遇到的尴尬困境提供有效参考。

三、树立"和谐"的课程价值观

课程价值观是学校素质教育课程文化建构的核心和本质所在。课程价值观是学校师生在长期的教育实践中所形成的共同愿景、价值取向等课程观念。中国传统文化以"和"为至高追求，而"和合"的哲学思想，体现的正是一种以"和谐"为核心课程价值观。"和合"思想为学校课程价值观的建构，提供了丰富的思想资源。

学校可以提出"和美"课程价值观，其中"和"即体现在重视学生思想品德、思维认知的情感、审美情操的意趣等各方面的均衡发展，追求"天人合一"的生态智慧以及"正德、利用、厚生"的科技与人文的统合之道，这也是课程的本体价值目标。学校将学生的兴趣需要、认知发展与情感形成及个性养成等方面与当下的社会问题及社会需要相统一起来，致力于实现以人与社会和谐发展为主导的素质教育课程价值思想。

此外，学校课程价值观的建构重要的是将学校教育理念转变成具体实践的，大家认同的观念，融入学校实际课程中。个案学校提出"和合共生美美与共"的校训思想，在教学过程中把学校的特色、教师的特长、学生的兴趣有机融合，并充分利用家长优势、社会资源开发丰富、多元的家长课堂、社团课程、研学课程等校本课程，以满足学生的需求，最终实现和美教育的育人目标。同时学校课程领导者，要树立文化传承意识，将课程价值理念转变成师生共同地价值追求，引领学校和师生和谐发展。

四、构建全方位的学校课程文化生长条件

学校课程文化是经过长期努力日积月累而形成的，其漫长的形成过程，需要一定的条件支撑。

首先，学校课程制度的建立是课程文化建构的重要保障。在没有课程制度保障的情况下，传统文化教育课程的实施将会陷入紊乱的状态，课堂教学工作也将无法进行，更不要说建构学校素质教育课程文化。高校以尊重、理解为原则，为形成全校和谐、团结、师生共进的局面，建立了规范性的课程实施制度以及人文性的课程管理制度，如"古典文化诵读"制度、"传统文化精髓进校园"制度等，将传统文化融入课程设计的整体结构之中，为课程文化的建构提供一种体制性的保障。因此，基于中国传统文化教育的学校素质教育课程文化建构，应统筹考虑，建立健全的、长效的传统文化教育制度，把传统文化列入学校课程规划和

教学计划中，并开设相应的课程及活动。一方面要确保传统文化的有效融入与实施，另一方面在课程制度的制定过程、实施过程中要处处彰显人文关怀的意蕴。

其次，学校校长和教师的课程价值取向是学校素质教育课程文化建构的关键。学校校长及课程管理者在学校课程设计与实施中，要注重对传统文化教育课程观的领导，不断提升教师对传统文化教育课程理论与课堂教学的水平，从而提升教师对学校课程价值观的认同，并在学校素质教育课程文化建构中得到落实。通过访谈、观察等方法的数据收集，可以看出一些高校的校长比较重视对教师传统文化教育教研培训的倡导和鼓励，并积极开发与利用校内外传统文化教育课程资源，为课程文化的建构提供了有力的保障。

除此之外，还应提高传统文化教育教师队伍的建设，一方面加强教师自身对传统文化的学习和吸收，并在教学过程中将传统文化教育与教学有机融合。另一方面，所有教师都应有教育学生修身养德的责任，以德修身，以德立学，以德施教，提升教师道德修养，充分发挥教师的人格垂范作用，向学生传授道德观念，真正做到"师者，传道授业解惑也"。

第二节　校园文化路径

一、加强校园物质文化建设

约翰·杜威曾说过："一种典型的环境，具有影响成员的智力和道德的倾向。"校园环境就是这样一种典型的环境，因为校园环境承载了学校的教育精神和历史底蕴，是学校发展的直接见证者，也是高校赖以生存的客观基础，是师生生活、学习、工作的固定场所。所以高校要在校园布局中尽可能地彰显出传统文化元素，把传统文化全方位融入道德教育、文化知识教育、艺术体育教育、社会实践教育的各个环节，融入学生生活、学习的方方面面，这也是当前校园文化建设的核心内容。

（一）注重人文景观的设计和布局

良好的人文环境是高校发展的基础。习近平总书记在强调环境的重要性时说道："环境好，则人才聚、事业兴；环境不好，则人才散、事业衰。"因此加强人文环境建设，进行合理的设计规划，是校园文化建设的第一步。

第七章　传统文化融入大学生素质教育的整体实现路径

高校校园中人文景观的设计应坚持人文性、教育性、创新性、个性化和可持续发展的原则。在设计，除了巧妙地利用其现有地理位置、空间和自然环境之外，应对整个校园的形态、绿化、结构、人文意象进行合理的规划与布局，注重合理性、科学性和人文性，建设具有时代感和艺术气息的代表性建筑，使高校的人文景观、自然环境融为一体，体现出有容乃大的精神境界。例如，在校园雕塑群的设计上，要彰显传统文化中爱国敬业、自强不息、厚德载物、坚韧不拔的精神品质，建设宁静优美、自然和谐、井然有序、自由奔放、富有现代文明气息的校园文化环境，时时处处感染和熏陶学生，既要有视觉美，又要有内涵美，"形神兼备"，使人赏心悦目、精神振奋、心情愉悦，以此陶冶情操，修身养性。将文学家、思想家、教育家等大家的教育思想精髓融入校园环境的建设中，使校园真正成为师生陶情冶性、修身养德的重要场所，呈现出崇高的价值理想和高雅的审美情趣。

（二）在校园硬件设施的建设中融入传统文化元素

健全的硬件设施是中华传统文化融入校园文化的前提条件，也是其在高校中得以传承的重要载体。

高校中的图书馆、体育馆、宿舍楼、实验室、餐厅等是校园硬件设施的重要组成部分，对学生的直观影响也是最大的。因此，要统筹它们之间的联系，营造有意蕴的文化环境和浓厚的人文气息，沉淀校园精神，使不同建筑之间的风格、布局、环境、氛围融为一体，既不显得突兀也不脱节，既别出心裁又与众不同，使整个校园的物质文化呈现出整体性。例如，建设校史纪念展览馆、中外名人长廊、古今伟人雕像、艺术品展览馆以及体现学校专业特色的工艺品时，在各种硬件设施中融入"松、竹、梅、兰"的精神品质，"诚、信、智、慧、敏、毅"的人格修养，"敏而好学，不耻下问"的学习之道，以增强校园文化底蕴，传承中华传统文化中的精粹，既美化了校园环境，又让师生在浓郁的人文氛围中提升个人的人文素养。

《史记·乐书》上说："人心之动，物使之然也""物者外境也"。马克思说道："人创造环境，同样环境也创造人。"校园物质环境是高校精神面貌的具体表现，是进行人才培养、学术研究、文化传承和提升高校文化软实力、核心竞争力等的物质基础。反之，校园人才的培养又进一步促进校园文化建设质量和效率的提高。坚持因地制宜、实事求是的原则，将高校所在地的历史文化、区域特色与本校的专业特色进行整合，开发校本课程，开展特色校园文化活动，加强开放、大气、优雅、凝重、和谐的环境文化建设，提高育人环境的品位。充分发掘校史中具有代表性或象征性的人或物，将其作为校园人文景观的主体，以营造校园的历史感和厚重感，打造独一无二的校园品牌文化，推动学生良好素质的形成。

二、突出校园精神文化建设

（一）积极推动高校校风建设

传统文化是一种独特的教育资源，所以高校应该更加注重以文化人、以文育人，让文化滋养心灵、涵育德行、引领风尚。加强大学优秀传统文化的教育工作，要注重文化浸润、感染、熏陶等作用，重视潜移默化的隐性教育，实现启迪人生、增加智慧的效果。

因此，高校应该将传统文化元素融入大学生学习和生活的方方面面。在宏观上，可以融入革命文化、乡土文化、特色乡镇文化、地方习俗文化等内容；在微观上，可以融入学校的办学史、发展史、校训精神等内容，从而使我国优秀传统文化得到有效传承及发展，这对学生良好素质的形成也是很重要的。

（二）良好的教风学风

教风学风是高校人才培养质量的根本保证、学术生态的重要基石、社会声誉的直接来源和治理能力的集中体现。习近平在教育大会上的论述始终是高校教育工作的主线，培养新一代担当大任的青少年，最终要落实到"学校怎么办、教师怎么教、学生怎么学"的问题上。高校中教风学风具有稳定性，指的是高校的教风和学风一旦形成，在心理习惯、行为倾向、制度、规则上都具有稳定性，会渗透到高校素质教育的方方面面，产生极强的惯性。

1. 培养传统文化教育理念

目前，将传统文化融入思想政治课程是十分有必要的。如果在授课过程中注入新的传统文化知识与新的理念，在很大程度上能够激发学生对高校必修课程及选修课程的兴趣，使其从中体会到我国优秀传统文化的内涵和精髓，营造良好的教风学风。

高校文化课程要从课堂教学中走出来，带领学生们参加弘扬传统文化的课外实践。在校园实践活动中，要提高青少年对传统文化的了解程度，提起大学生兴趣，将传统文化融入思想政治教育中，开展趣味教学活动，并结合高校当地的特色传统文化开展第二课堂活动。同时，高校要时刻关心学生的思想观念和道德

第七章　传统文化融入大学生素质教育的整体实现路径

意识观念，时刻关心学生的心理状态，要积极引导学生们树立在逆境中成长的精神，注重对学生进行人格教育和品格培养，弘扬自强不息、仁者爱人、诚实守信和与时偕行精神，学习每一位最美逆行者的爱国精神和无私奉献的精神。

2.培养正确的价值观

高校大学生正处于发育时期，每个人都有自己的个性和为人处世的风格。但是由于高校受社会环境的影响，很多青少年在这个过程中会不停变换人生价值观，价值取向也随之变动。

高校教师在对学生的管理方法和措施上存在着不同的看法，同样，对大学生的处事方法也存在不同见解，采取的教学方法也不一样。高校教师对学生采取的管理方法或多或少会直接影响到教风学风的建设，影响到学校短期内目标的实现。

高校应重视这些问题并展开讨论，让全校师生共同探讨传统文化核心价值观。在多元的传统文化中有着丰富的价值观念，将这些观念进行分析和归纳，概括出真正属于高校的价值观。将高校价值观与综合类高校育人体系进行结合，通过横幅标语或校训等方式，使其在全体教师和学生中得到普及，引导高校全部教师与学生将核心价值观铭记于心，改变处事方式。

三、发挥校园课余文化活动的作用

（一）积极开展班级活动

学校不单单是传授知识的地方，还应该尽可能地促进学生全面发展，因此高校要充分发挥校园课余文化活动的作用，对校园文化的建设给予正确的指引和大力的支持。班级环境文化是班级中的隐性文化，班级墙面粘贴具有年级、班级特点的图案或标语，能够潜移默化地影响班级中的所有学生。

教师可以根据学生年龄段的不同以及学校的实时要求，开展不同主题的班会。"理想""感恩""自律""友爱"等主题班会每周都在各班如火如荼地展开，这对学生形成正确的价值观、传承我国优秀传统道德起到了重要作用。开展这些或优秀传统文化或品质要求的主题班会也有利于提高学生成绩。例如，关于自律的班会以强调学生优秀品质为主，也可以结合学生在家里、学校、社会等各个地方的表现来强调学生的自律行为，自然而然有利于学生在学习方面的自律习惯的养成。学生是班级的主体，学生健康的心理、学生间和谐的人际关系是班级建设的目标。

为了让学生在班级中健康成长、学会合作，可以不定时开展班级文艺汇演给学生提供一个展示的平台，特别是那些文艺才能不够突出，无法在学校舞台展示的学生。学生们在节目的排演中也可以加深对彼此的了解，增进友谊，促进友情浓厚的班集体的建设。

各班可以开展中秋晚会与跨年晚会活动，利用传统节日提升学生对传统文化的认知。同时，中秋节本身就是一个家人团聚的节日，一个班级就是一个家，在班级中开展中秋晚会，能够在活动中促进班级和谐友爱氛围的产生，有助于班级人文气氛的形成。关于跨年晚会，可以如此开展：首先，辅导员与家长取得联系，让家长为学生书写"新年寄语"，在文字中肯定学生在过去一年的进步，并根据学生存在的具体问题提出希望与建议；然后，集体吃生日蛋糕，一年的过去，所有人都长大了一岁，用最简单的共度"生日"的方式来迎接新年的到来。

通过以上措施而形成的班级文化是和谐友爱的，更是人文气息浓厚的，在这样的基础上，才能最终促进校园文化的形成。

（二）积极开展社团活动

社团活动是学校素质教育的一个重要组成部分，社团常常是由学生自发组织的特殊性群众组织，蕴含着十分丰富的德育价值。并且，学生社团深受师生的欢迎和喜爱，在丰富校园文化生活、培养学生爱好和兴趣、展示学生特长和风采、培养学生学科核心素养等方面发挥着重要的作用。目前，我国多数高校都将学生社团建设当作培养学生核心素养的重要途径，对其高度重视。虽然社团是学生自发组织的，但是经过精心设计的社团活动不仅有学校自身的文化特色、传承意义，更会深深地镌刻在学生的心里。

社团活动应该以学生组织为主，教师辅导为辅。在学校党委的支持下，团委学生会可以成立动漫社、广播站等社团，因时制宜地开展丰富的社团活动。作为校园文化建设的重要载体，社团活动在培养学生核心素养方面至关重要。

团委学生会的自主管理程度能够体现出一个学校在自主方面的成绩。坚持教师在团委学生会中的指导作用，而不是决定作用，是十分重要的，主要体现在团委学生换届招新、日常管理等方面。每年9月，团委学生会将会开展招新活动。活动流程：首先，团委学生会主席自行设计海报，各部门成员进行招新宣传；其次，待到报名人数大概明确之后，学生会干部根据各年级的课表制定竞选演讲时间，在全校各年级各班级聘请学生作评委，评委成员主要是各班班长或者团支书以及老一届的团委学生会成员；再次，由评委选出新一届的团委学生会成员；最后，根据各入选学生的特长及双向选择确定所进入的部门。在整个招新过程中，老师只起辅助作用。在团委学生会日常工作中，老师更应该放手让学生管理学校的各方面事情。

学校的广播站是学校好人好事、时事要闻、时尚风尚等传播的窗口，其不仅是校园文化的组成部分，更是校园文化展示的途径。一般来讲，可以结合实际情况进行具体栏目的设定，如表7-1所示。

表7-1 栏目设定

	星期一	星期二	星期三	星期四	星期五	星期天
栏目	时事新闻	流文溢彩	风云人物	文艺天地	吐槽大会	奇趣大自然
内容	时事政治、热点新闻	诗歌散文	古今中外名人	音乐鉴赏、影视推荐	来自同学们的投稿	动物与植物世界

动漫社、足球社等社团常规活动的开展，既锻炼了学生的能力、丰富了学生的课余生活，自身也是校园文化的一个重要组成部分。

"秋季田径运动会""手抄报评比""朗诵比赛"等文化体育活动，在丰富学生的精神生活的同时，也缓解了学习压力，增强了班级、学校的凝聚力和学生的集体荣誉感，培养了学生艰苦奋斗和团结协作的精神。

展示人文底蕴的一个重要载体是校刊，校刊的创办，更是使学校浸润在书香之中，让文化伴随着学生的成长，让学生在阅读和写作中感受人性的美，激发追求真善美的热情。

除此之外，社团组织还可以举办关于传统文化的活动，如书法展、诗词大赛、传统知识竞赛等，让大学生在课余能够欣赏到中华文化的无穷魅力。

通过开展各色各样的社团活动，促进校园文化对学生的影响，在宣传校园文化的同时，更是在无形中提高了学生的人文底蕴和科学精神。

（三）积极开展宿舍活动

宿舍文化属于校园文化的范畴，是校园文化中的重要组成部分。作为一种文化现象，宿舍文化对学生有着潜移默化的影响，发挥环境育人的重要功能。通过特定的宿舍环境和宿舍氛围，宿舍中的每一位成员都能在宿舍生活中，加强心理素质，提高人际交往能力。

宿舍文化也是学校校风的一种重要表现形式，它代表着学校的形象。宿舍文化作为一种重要教育途径，不仅有利于学生锻炼个人表达能力，增加个人表现机会，还能增强个人约束能力，激励学生不断超越自我、完善自我。通过宿舍文化建设以及宿舍活动的开展，学校可以根据当下时代发展中教育改革的具体要求，有效实施素质教育，提高学生的能力。

宿舍文化是隐性文化，通过让学生参与集体生活，增强学生的集体意识与团队凝聚力，实现共同奋斗与共同成长。学生在别具一格的宿舍文化中互帮互助、团结友爱，既学习了丰富多样的知识与实用的生活技能，也收获了珍贵的同学情谊。宿舍文化对学生具有导向、陶冶、约束和凝聚等重要作用。

学校可以通过开展先进宿舍评比活动、举行宿舍文化节、打造宿舍文化月，如以宿舍为单位举行诗词朗诵比赛、歌唱比赛、阅读比赛、辩论赛、宿舍装饰比赛等，加强宿舍文化建设。同时，也可以在宿舍区域增加美观的小盆栽，使学生心情愉悦，得到放松；鼓励学生们给自己的宿舍取一个特别的名字，以增加归属感；按照低、中、高年级对宿舍区域进行划分，并分别确定宿舍主题文化，并且增加墙上的装饰，使宿舍区更有色彩感。

四、设立传统文化教育基地

大学文化创意产业研究中心主要从事与文化创意相关的学术研究，主要功能有承担各类课题、举办相关学术会议以及学术讲座，这也是学校对自己优势学科的有利探索。其实除了拥有学科优势外，大学作为专家学者的汇集地，拥有大量在传统文化方面颇有造诣的人才，他们不仅是传统文化的研究者和保护者，更是传统文化的教育者和传播者。因此高校要充分挖掘已有的教育资源，诸如此类的教育资源要定期向学生开放，为学生接触和学习中华传统文化提供物质保障。同时，高校应与地方政府共建形式多样的学习优秀传统文化的基地，基地可以设在社区、学校等公共场所，为大学生学习优秀传统文化形成长期的阵地依托，从而提高大学生的民族自豪感、自信心，增强社会责任感。

五、积极开展实践教学活动

一是体验式实践教学。体验式实践教学是指在教师的组织和带领下，让学生参观本地的爱国主义教育示范基地的教学方式。高校应积极挖掘革命文化的育人内涵，实施"革命文化教育资源库建设工程"，开展"传承红色基因、担当复兴重任"主题教育活动；有效利用重大纪念日和重点文化基础设施开展革命文化教育，组织学生到具有革命文化的地区参观学习。如果一些大学所处的地区本身就

第七章　传统文化融入大学生素质教育的整体实现路径

拥有着丰富的爱国主义教育资源，就可以将其作为红色文化的代表，让这些大学组织学生参观。

二是调研式实践教学。调研式实践教学的关键是让学生以组为单位，结伴出行，利用课余时间开展有关地方优秀传统文化的调研活动。一些大学身处历史文化名城，有着丰富的历史文化资源，因此这些大学可以组织学生调查地方的传统元素，如皮影、剪纸、瓷器等，并将自己的所观所感以报告的形式记录下来；还可以鼓励有摄影兴趣的同学用照相机拍摄记录下来，制作成图文并茂的静态文本或动态视频，学生通过自己亲身调研，能够更加深刻地领会到地方文化的独特魅力。

此外，学校如果有能力还可以建设传统文化体验馆，定期邀请非物质文化遗产到体验馆展示，让学生体验到传统文化的魅力，同时也可以与本地的非物质文化传承人合作，将非物质文化遗产的传承和创新作为学校的研究项目，让更多的学生参与到实践活动中去。

六、开展礼仪教育活动

高校开展礼仪教育活动具有重要的理论和实践意义，可以提升大学生的道德素质和自身教养。中国传统礼仪文化以培养君子为主要目标，建立了一套以完善人格为根本的君子教育体系。中国传统礼仪文化当中蕴含丰富的培育人的高尚品格的优秀文化，值得当代高校学生学习和借鉴。

第一，加强高校礼仪教育的理论建设，是推进礼仪教育的一项重要课题。文明礼仪是中华民族的道德素质水平的标志，礼仪是一种基本文化，一种教育内容。传统文化中关于礼仪的内容主要来自儒家，而我们现在所讲的礼仪就是从儒家文化中汲取的精华。以"礼"为核心的教育思想是高校道德秩序建设的基础。现代的礼仪教育作为现代社会中实践性较强的道德教育，根据传统文化中的道德品质要求，能够建立良好的社会关系，维持社会的秩序。传统文化中的礼仪教育不仅是现代礼仪教育的理论来源，也给世界文明注入重要内容。

第二，创设浓厚的高校礼仪氛围，让学生在日常应用中形成较高的礼仪素养。中国传统礼仪文化具有丰富的礼育方法和途径。在育人方法上面，传统文化中蕴含多种育人方式，如因材施教法、榜样示范法、自我反思法等，高校多开展传统文化礼仪教育，对宣传传统文化有着很好的效果，在提高高校教学效果、提升青少年素质、传承我国传统文化等方面发挥了重要作用。当前，高校在大学生培养目标方面已经发生天翻地覆的变化，但是，传统文化中的礼仪教育仍具有参

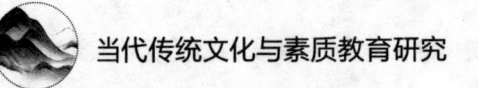

考价值。

七、重视师资队伍建设

高校教师所具备的文化素养和人格魅力，是构成大学校园文化气息的精神力量。作为传统文化教育实施者的高校教师，不但要具有丰富的知识，还要具有独特的传统文化教育教学方法，更要有内在的文化素养。

（一）提升教师的传统文化涵养

高校是研究学问的殿堂，教师要热爱自己的职业，要潜心研究学问、专注于教书育人，但与此同时，高校也不能搞成世外桃源，教师不能只做书斋里的学问，"不知有汉，无论魏晋"，所以教育者要树立终身学习的理念，并可以通过自学或参加相应的培训课程不断提升自身的文化涵养。学校也要为老师提供便利条件，让教师在培训过程中能够更全面细致地领会其内涵。

教师传统文化涵养的提升能够让深藏在禁宫里的文物、淹没在古籍里的文字、埋藏在棺椁里的历史活起来，同时教师也要学会运用现代信息技术或借鉴他人的研究成果进行传统文化的展示或传播，从而让学生们了解到传统文化的魅力。

（二）加强教师的业务素质

教师在讲授时要尽可能避免过于学术性的阐释，同时还需要结合我国优秀传统文化的特殊性，在课堂教学的基础上开展探究性学习，不能只注重讲授知识内容，也要注重阐述优秀传统文化的精神内涵，让学生能够更好地领会传统文化中蕴含的精神内涵和价值追求。

（三）提高教师的德育素养

师德是大学教师应具有的重要操守，是学生践行道德规范的鲜活坐标。因此教师要做一面镜子，既要发现学生身上的缺点，也要通过学生反省自身的不足，努力做到"学高为师，身正为范"。

教师的德育素养在教育过程中至关重要，因此高校也要不断加强师德师风建设，培养高素质教师队伍，倡导全社会尊师重教。同时教师也要努力做学生学习的榜样，在思想层面，要坚定理想信念，以赤诚之心关爱学生；在行为层面，提升道德认知，发挥示范作用，广大教师应将自身具备的高水平的道德认知作为自

第七章　传统文化融入大学生素质教育的整体实现路径

己的行为准则，时刻牢记为人师表的责任。

（四）提升知识技能契合度

高校教育的最终目标是促进高校学生全面发展，这就要求教师提升知识技能契合度，具备多方面的知识与技能，抓住机遇，应对挑战。教师通过教学活动，从大学生的身心健康出发，给予他们知识技能上的指导，多方面帮助他们全面发展。

1. 注重对教师新型能力的培养

加大力度促进传统文化与高校教学内容融合，提高学生的学习效率，改善学生课堂听课效果。一个合格的教师需要具备熟练的专业技能和方法技巧。当代教师仅仅具备自己所授科目的专业知识是远远不够的，应该具备全方位的知识与技能，可以不全部精通，但要有所涉猎。教师在传统文化领域要有自己独到的见解，因为教师所教导的学生们是祖国的未来和民族的希望，时刻不能马虎，拥有多方面的技能可以更好地开展教学活动，也能激励学生们提高自己各方面的素养。教师不单单要专注于学生的学科成绩，更要关心他们的心理健康，这也会对他们的成绩有很大影响。

教师应当坚持有教无类的教学原则，要平等对待每一个学生，不能偏心，这点必须要把握好；坚持因材施教的教学原则，每个学生都有不同的家庭环境、心理状态和学习方式，要不遗余力地去关注每一个学生，深入了解他们，针对他们的个性开展教学活动。

2. 提升教师的创新思维能力与实践能力

如果教师面临棘手难题无法解决，会本能地运用自身具备的专业技能，进行整合加工处理，最终得到解决问题的办法，这个改变自身已有知识的过程，就是创造性思考的过程。

教学中，教师难免遇见复杂多变的情况，教师这份工作也存在着巨大创造空间，因此，高校教师必须具备创新与临场应变能力，在教学时做到灵活变通。教师在高校课堂中面临具有挑战性的难题时，也必须能短时间内展示出高度的应变能力。从长久发展的观点来看，教师应不断提升其创造性解决问题的能力。

（五）优化师资队伍结构

高水平师资队伍是提升学生素养的重要保证之一。高校教师团队结构是否合理，会影响到高校教师队伍的建设以及在职教师的水平和高校的办学质量。教师将传统文化中的仁者爱人、诚实守信、与时偕行、自强不息等精神与课堂内容结合，为学生们做进一步讲解，用传统文化去熏陶青少年，对提高青少年的综合素质有着重要意义。因此，高校教师应不断提升自身专业技能与文化素养，激起学生骨子里对传统文化的热爱，这有利于完善大学生人格与道德修养，激发高校大学生的爱国情感。总的来说，优化师资队伍结构应做到以下几点。

1. 严把人才引进关

扩宽人才引进渠道，激活引进方式，重点引进外省市教育名家和名师。对重点高校实行倾斜策略，对特殊的优秀人才可实行"一人一策"，鼓励高校发挥积极性、主动性，结合当代发展战略和用人需求，面向全国开展高层次人才引进工作。例如，引进在教育的某个领域取得较出色的成绩、在全国知名度与影响力都较高的特殊人员，五一劳动奖章获得者，省级或市级重点名师，在教育科研或管理方面取得出色成绩、在全国具有一定知名度的优秀教师，全国教育系统的先进工作者。

2. 加强双师队伍建设

高校可以采用合作共育共建的方式组建双师队伍，加强整个团队的教师建设，秉承不求所有、但求所用的理念加强学科带头人的培养和教学团队、科研团队的建设，鼓励专业带头人、骨干教师到国内外著名大学和著名企业培训。

（六）针对教师开展传统文化培训

传统文化教育是贯穿国民教育始终的必要之举、有效之举。教师想教好学生，就必须将教学内容熟练记在心中，所谓"要教给学生一碗水，自己要有一桶水"。传统文化需要被高校学生认可和接纳，学生们也需要来自传统文化的熏陶，同样教师团队更需要进行传统文化培训，以此增加对传统文化的认可度，扩大知识面，提升知识技能的契合度。

第一，面向教师开设中华传统文化公开课，提升高校教师队伍综合素养。高校以立德树人为根本任务，而根本任务能否完成的关键在于是否存在懂传统文化教育的优质老师。学习传统文化课程，主动学习和践行传统文化，这是高校全体教师必须完成的任务，因为中华传统文化不仅仅是关于哲学或者天文地理的学问，更是身心之学、素质之学。习近平总书记强调高校教师要具备一定的道德素质、专业技能和一颗仁爱之心。传统文化的精髓正是孔子所说的仁者爱人精神，这样的传统文化是每位教师需要铭记于心的。

第二，通过政策调动广大教师在教育学习中引入人文因素的积极性。此外，还要加强管理监督，对教师的教学行为进行督促和约束，以增强其责任心和敬业精神。高校坚持以立德树人为根本目标，严抓教师对传统文化的认可度，让教师在日常生活中和工作当中进行反思，将传统文化中的精髓融入高校教师的成长过程当中，这样有助于帮助高校教师坚定理想信念，激发教师内心对教育的热爱。

在内容方面，高校应以传统文化中的经典作品为主，积极鼓励大学生阅读经典著作，感悟经典文化。传统文化中的经典是教师树立正确教育观的重要基础。教师可以在经典当中学习到工作以外的智慧和道理，可以提升专业技能，从传统文化经典当中吸取生命养分。

第三，引导教师提高自身修养与人文修养。将传统文化与教学实践融合，不断推进学科教育与人文教育融合成为主导力量。教师的首要任务是提升综合能力与道德素质，原有的思维需要转化成批判性思维，帮助学生塑造科学性思维方式与人文性思维方式。

第三节 社会实践路径

一、社会实践中应坚持的基本原则

（一）导向性原则

习近平总书记指出："全面贯彻党的教育方针，必须坚持以马克思主义为指导，坚持中国特色社会主义教育发展道路，坚持社会主义办学方向。"

坚持导向性原则，一要坚持对学生思想的导向。高校社会实践活动始终是围绕育人开展的，而实践育人的最终目标是为国家培养全面发展的人才。因此，需要让青年学生树立正确的思想认识、价值观念、理想信念，将实践教育理念落实到每一个环节中，为提高人才培养能力、提升人才培养水平、实现更为科学的高校素质教育工作体系提供价值导向。

二要坚持对实践主体教育主动性的导向。高校要不断创新手段和方法，激发学生的实践热情，让实践活动对受教育者价值选择与价值判断产生积极影响。

此外，高校还应当建立多样化体验机制，使学生在参与社会实践的过程中能够获得多重体验，如身体和心理的认知体验，增强学生的体验感和获得感，为青年政治认同感的提升提供手段和条件。

(二) 主体性原则

"大学生是实践的对象和主体,要充分发挥学生在实践育人中的主体作用,"广大教育者在社会实践活动过程中,必须遵循以学生为本的主体性原则,通过挖掘社会实践中的素质教育元素,促进素质教育实效的提升。

一方面,教育者要重视实践中学生的自我教育和自我实践,放宽对实践活动的要求。具体体现在以下方面:首先,要留出充足的时间和空间让学生自主组队、选题,并依据实践对象的现实需要,给予充分的支持,保障学生在开展社会实践活动时,不因为现实条件而降低实践活动实际效果;其次,在实践中将教育和引导相结合,要引导学生根据主观感受对信息进行筛选,选择性地加以接受和吸收。

另一方面,要关注学生的心理,建立起与学生的情感联系。在实践中,教师要与学生建立长效沟通机制,通过当面沟通、电子产品沟通等方式,与学生保持密切联系,引导和帮助学生,与学生建立亦师亦友的队友关系,拉近师生之间的距离,为素质教育打下基础。

(三) 系统性原则

关于大学生社会实践中素质教育所包含的具体内容,不同学者提出了不同看法,有的学者从社会实践中素质教育的内在要素分析,将素质教育的内容细化为具体活动所包含的教育内容;有的学者从社会实践中素质教育的体制机制分析,认为外部环境和机制是素质教育的重要内容。但对以上观点进行分析,可以发现这些是立足于不同的视角而划分的,不够完整且缺乏系统性。

社会实践中素质教育内容的确定,必须坚持系统性原则,从实践育人的整体性出发,坚持社会实践中素质教育内容的系统性和运行机制的系统性。只有综合考虑、统筹兼顾,才能关注到当前社会实践中存在的不足,改进社会实践中素质教育的运行方式,提升实际效果,进而实现素质教育的目标。

(四) 实效性原则

实效性原则是指实践活动中素质教育工作的根本目标和实际效果在实践育人中有重要意义。社会实践活动开展的目的是使学生在实践中有所收获,提升学生的综合能力。而社会实践中素质教育的实效性原则主要强调实践中素质教育的预期目标实现与否,它是衡量实践教育效果的一条准绳。因此,高校开展社会实践也需要遵循实效性这一根本原则。

在社会实践活动开展过程中，实践成员的思想认识是否得到提高，行为产生影响与否，都是社会实践开展有效与否的重要评价标准。但由于社会实践活动时间有限，要使实践活动帮助学生在思想和行为上取得进步，完成预期目标，就需要密切关注成员间的合作、教师的指导、学校的领导以及各个组织的密切配合。只有实践全程有效，才能保障实践教育的实效性。

二、改进素质教育的方法

（一）合理设计社会实践活动的内容

社会实践活动以面向实践、面向生活、解决问题为主线，合理设计社会实践活动的形式和内容是活动有效实施的重要前提，可供学生选择的活动形式和内容的丰富程度直接影响到学生的全面发展和参与活动的积极性。

活动设计的基本理念包括回归学生生活、提高学生的创新精神和探究能力、注重培养学生的实践能力和综合素养。从文献中可知，高校社会实践活动包含社区服务和社会实践两个领域、覆盖学生成长的德、智、体、美、劳五个维度。在设计活动内容时首先要把学生作为认识主体与实践主体，学生的身心特点、兴趣爱好、知识储备、实践能力等都会影响到社会实践活动的实施效果；还要考虑与其他学科的融合渗透，增强学生的适应性和选择性。设计活动内容时应控制好活动的难易程度，与大学生发展水平相适应。

学校和教师在广泛了解学生实践需求基础上，还要不断开发社会实践活动形式和内容。这就需要学校调动家长、老师、企业、政府机构、部队等社会资源，为学生提供稳定的场地和平台，拓展开发各种类型的社会实践活动，如科技发展、安全教育、劳动体验、社会调查、文体活动、生态环保等系列主题活动。

在开发社会实践活动的过程中，要以问题为中心。应根据实际情况精心设计内容，注重活动过程本身的价值以及学生潜能的发挥。引导学生融入社会、体验生活，让学生既学会分析、解决问题，又掌握实践方法，成为国家需要的新型人才。

（二）加强社会实践活动指导

开展实践活动是各个高校的必修课，学生独自组织参与实践活动可能会面临理论和实践经验不足、不知道如何开展或是实践活动开展时只注重场面是否热闹

而不注重实际效果等问题,而且很容易忽视实践中的素质教育性。因此,在这种情况下,社会实践活动开展中应该有专门的指导老师,在实践过程中有针对性地开展指导,增强社会实践教育的效果。

1. 构建科学合理的社会实践工作体系

社会实践活动的目标可分为知识目标,能力目标,情感、态度与价值观目标三个层面,分别指:大学生在实践中学到的知识;在实践中大学生学习、工作、正确处理人际关系、服务社会等方面的能力的提升;增强对国家的认同,激发爱国热情,形成良好的生活作风,树立正确的价值观等。

要实现社会实践的目标,就要建立相应的机制。一方面,要加强指导教师在社会实践活动中的作用,选派专业的带队教师到学生的实践区域,以备在实践活动过程中,教师能够随时了解实践参与者的情况,在学生需要时,及时给予学生指导和帮助;也可以以大学生满意度为依据,促进学生和老师的良性互动。另一方面,在实践活动开展过程中,高校和实践单位都应强化责任意识,既要建立领导机制,也要设立监督管理机制,保障实践活动的顺利开展。只有带队教师、素质教育者、实践单位共同为学生提供支持,一起为大学生出谋划策、解答疑惑,才能提高工作效率,推动实践活动顺利进行。

2. 建立分类指导机制

由于参与实践的学生来自各个地方,固有的成长环境使学生在思想认识上存在差异,单纯呼吁学生参与到社会实践中,可能会出现只有个别学生参与到实践活动当中、缺乏全面性和针对性的问题。因此,在实践活动开展过程中,第一,要对人群进行分类,实践中要尤其重视对学生个性与共性的归纳和分析,把握好不同群体的接受能力和实际参与能力,根据阶段性的思维特征和素质教育的标准,设计不同的活动主题,选择合适的社会实践活动。第二,要对专业进行分类,要充分考虑学生的专业、背景以及思想深度等方面的实际情况。例如,面对哲学社会科学类的学生,则可以充分发挥育人优势,开展具有人文情怀的实践项目;对于理工科学生则可以多引导学生参与数据分析、发明创造类的社会实践;对于艺术类的学生则选择支教、志愿服务等实践活动。通过科学合理利用校外实践活动形式,突出不同实践活动的特色和作用,进而推动学生良好素质的形成。

3. 做好实践总结与评价工作

一方面,要做好社会实践总结工作。对实践活动进行总结是提高实践效果的关键环节,实践结束后,要让学生及时总结实践过程中遇到的问题、经验教训,撰写心得报告,形成一个可供参考的数据指标。

第七章 传统文化融入大学生素质教育的整体实现路径

另一方面,要做好社会实践评价工作。开展社会实践评价工作要充分收集整理数据,并对其进行全面分析。具体而言,做好学生参与过程的评价与判断工作,要利用社会实践中的反馈、鉴别、保障、诊断和改进等措施,针对问题,采取有效措施,提升实践效果。评价时主要考察学生的思想政治素质、专业知识掌握的综合情况、综合能力的提升情况等。

专业带队教师可以依据量化考评方式进行总结与评价工作,主要对在社会实践活动中带领了哪些项目、承担了哪些科研任务、帮助社会解决了哪些难题、对于问题的解决程度等方面进行总结和评价。只有对各方在实践中的表现进行客观评价,才能增强实践的有效性,促进素质教育的顺利开展。

(三)构建社会实践管理模式

社会实践活动的核心问题是正确处理主导者和主体的关系,在目前开展的社会实践活动中,高校教师是实践活动的主导者,在确定实践的形式以及内容时占主导地位。但也要认识到学生是社会实践的主体,是社会实践活动的主要参与者,只有处理好主导者和主体的关系,规范实践管理运作模式,才能保障实践活动开展的效果。

1. 规范和完善各项制度

学校应依据大学生身心发展规律,精心设计校内外的实践活动,同时要建立与社会实践活动相关的细节制度,保证社会实践活动可持续、有效、健康地开展。除此之外,学校还应与时俱进地调整和完善相应的制度,如强化安全制度,社会实践的第一要求就是安全,交通、饮食、住宿、培训各环节都要做好安全预案;细化教师培训制度,增加教师的知识和技能储备,在丰富社会实践活动内容和形式的同时,促使教师不断提升业务能力,给予学生足够的帮助和指引;增加学分制度,把社会实践活动的结果和校园之星、三好学生、优秀学生干部等学期末的综合荣誉挂钩,更大程度上提高学生的积极性,端正他们的态度;完善总结制度,通过开交流会、征文、美篇、校园网站等形式进行宣传;还可以通过完善奖励制度,调动教师参与社会实践活动的积极性。

2. 建立全员主体机制

一方面,高校工作人员要树立主体意识。社会实践中既要有党政干部亲自指导,又要有主要领导牵头,团委、学生处、学生会、教务处等部门要形成强有力的组织领导机构。建立全员主体机制,需要各个部门共同努力,只有各个部门各司其职、密切配合,才能提高全体人员共同努力的意识。

另一方面，要树立社会主体意识。在开展实践的过程中，要积极利用社会资源，发挥主观能动性，获得更多的资源支持社会实践，学校要和社会保持密切联系，使社会成员也逐渐树立为大学生社会实践服务的主体参与意识。

3. 明确服务主体

社会实践活动是学校和社会之间联系的桥梁，是学校与社会之间有效互动和交流的渠道。高校开展社会实践活动的目的是促进学生的全面发展，培养为社会发展做贡献的时代人才，最终目的仍是为社会发展服务。因此，开展社会实践活动的机构和单位都要明确实践的主体是大学生。高校还可以通过结合时代特色、地方特色等，将学生社会实践与地方产业相结合，既推动学生全面发展，又保障素质教育功能的发挥。

（四）优化社会实践传播形式

社会实践中素质教育要重视对实践过程的传播，同时要及时对取得的实效进行跟进报道，只有重视过程、突出实效，才能提高实践教育影响力。首先，在实践过程中要注重对实践活动的宣传。例如，对实践活动的内容、形式以及阶段性成果进行宣传。其次，要注重对实践活动的后期宣传。活动结束后，开展实践总结汇报，各个院系可以对优秀实践团队进行汇报展示、对优秀实践团队和成员进行表彰、对优秀实践活动进行宣传。最后，还应充分利用多种方式进行传播，例如，通过校报、广播站、网络媒体等多种方式，提升社会实践活动影响力。此外，还应优化社会实践传播形式，具体内容如下。

一方面，要提升社会实践在社会中的认知度。社会实践活动对于国家来说，是培养人才的重要手段和途径；对于大学生来说，是提高自身素质和能力的渠道。开展社会实践活动是国家培育社会主义建设者和接班人必不可少的环节。正是由于社会实践具有重要的意义，因此，要强化社会实践的宣传手段，使全社会认识到社会实践活动的重要性，可以在各级教育部门张贴有关社会实践教育的公益广告，也可以借助新媒体推送大学生社会实践活动重要性的文章和视频等，以争取社会各界对高校开展社会实践活动的支持。

另一方面，要拓展高校社会实践活动宣传渠道。在社会实践活动开展前，学校和学院要充分利用新媒体手段，持续对社会实践活动进行宣传，同时要发挥教师的作用，通过教师的努力切实将实践活动落实、落小、落细。在社会实践活动开展过程中，传播方式要不断与时俱进，可以充分利用新媒体和多种媒体，如微博、微信、日报等传播方式，让活动能够传播出去，同时也获得一定的影响力。

第七章 传统文化融入大学生素质教育的整体实现路径

此外,要进一步深化实践的传播形式,开设社会实践专栏,各个院系对各自的实践活动进行传播,强化社会实践活动的育人价值,突出素质教育的作用。

三、构建素质教育协同体系

(一)建立科学有效的组织体系

1. 加强组织领导体系建设

建立科学有效的组织领导体系是社会实践活动开展的有力保障,要抓好落实好各地区、各组织、各部门领导责任制。从国家层面出发,中央到地方各级党政机关要高度重视和支持素质教育实践;各地方教育部门、宣传部、共青团、文明办等组织也要完善各自的领导责任制,加强各级领导对大学生社会实践活动的支持。从社会层面出发,社会由多层级的组织机构构成,要保障学生社会实践的效果,发挥社会实践中素质教育的作用,就要增强各社会组织机构对实践活动开展必要性的认同,积极统筹协调各组织机构,争取组织领导人员的支持。一方面,可以在政府和企事业单位设立数量充足的专门性实践岗位,由各部门具体负责。另一方面,可以在各地区建立素质教育实践基地,例如,在乡村设立支农、支教、支医等公益性实践岗位,在城市社区、旅游景区等地方也充分设置实践岗位。

除了要利用好国家和社会组织领导体系在高校社会实践中的支持作用,还要抓好开展社会实践的组织机构和各高校的领导责任制。首先,各个高校可以设立专门的"实践活动领导小组"或"实践领导办公室",并设置实践活动主管领导专门负责学生社会实践中素质教育专项活动。其次,也要充实细化实践活动领导小组,分别设置党委宣传部、校团委、学生工作部门、后勤保障部等分管学生社会实践中的工作,明确分工,落实具体责任。同时,具体到各个院系,也要设置分管实践的领导和学生工作的负责人,以及指导教师和带队教师,落实社会实践教育,建立明确的管理领导工作小组。在大学生社会实践中要发挥组织领导体系作用,就要对各个部门严格要求,让其相互配合。建立起科学的领导体系,为实践活动的顺利开展提供组织管理支持,为实践教育提供保障,让学生在社会实践中有所收获。

2. 加强素质教育队伍建设

要实现实践育人功能,除了要加强组织领导体系的建设之外,还需要加强素质教育队伍的建设。

第一,要完善党政干部和共青团干部责任制。干部是学生社会实践活动的主要组织者和实效考核者。因此,党政部门干部、各共青团干部应建立明确的社会实践思想教育的方案及运行指导,落实到具体的责任人身上,形成系统的社会实践运行保障干部责任制。

第二,要发挥专业理论课教师的指导作用。理论课教师在社会实践中起着思想引领和保障实践育人思想成效的重要作用。理论课教师要承担起在社会实践中的责任,如在选取课题、思想启迪、开展实践分数评估、建立思想评估机制、对实践课题深入研究等方面发挥指导作用。

第三,要发挥高校辅导员的组织管理作用。辅导员在大学生社会实践中起着激发学生兴趣、引导深入实践以及保障实践成效等作用,对社会实践有效开展有重要的辅助作用。因此,要提高辅导员对社会实践的重视度,积极鼓励学生参与实践,在学生实践过程中给予学生有力的引导与支持。

只有充分建设好社会实践素质教育队伍,才能使学生积极参与到实践活动中,也只有明确分工,形成良好有序的管理体系,学生才会有热情和信心参与到实践当中。在实践活动开展过程中,各个部门也要形成明确的协作机制,将实践与教育结合起来,使社会实践教育取得良好的成效。总而言之,要保障社会实践活动的参与性和实践有效性就应该建立科学有效的组织领导体系,落实素质教育责任。

(二)调动实践主体的主观能动性

1. 以学生为主体,重视学生个性化发展

在活动中应根据学生的不同需求调整实践的方式,满足学生需求,针对不同年级、不同专业的学生设计不同的社会实践活动类型,并在实践的过程中弥补学生只在学校接受书本教育的不足,将丰富多彩的社会实践纳入他们日常的学习当中。尊重学生的个体差异,根据学生不同的性格及特质进行教育,效果会更加显著。高校学生是社会实践的主体,且目前学生大多数是"00后",本身更具个性,所以一定要把握方向尺度,尊重学生的个性诉求。

社会实践是高校学生展现个性、提高动手能力、完成实地操作的重要平台,在开展过程中,组织者应重视学生的意见,既要重视学生的个性特点以及对事物认知、处理人际关系的能力差异,以免学生产生抵触心理,也需要对不同专业、不同经历的学生进行观察,对可能出现心理问题的学生进行心理疏导,这样既可调动学生的参与积极性,也可以促进学生全面发展,增强当代高校学生的责任感

及使命感,提升社会育人的稳定性和实效性。

2. 提升学生的认识深度

树立科学的实践观是实践教育的基础,大学生只有在科学的实践观念引导下,才能正确认识实践活动,才能发挥实践教育的思想教育功能和素质教育功能。

当前大学生社会实践中存在认识偏差的问题,主要原因有以下几点。首先,我国长期的应试教育导致重理论轻实践的教学状况,学生不重视社会实践。一部分学生认为参与社会实践会占用学习专业课程的时间,参加社会实践意义不大。其次,学生思想态度不端正,一部分学生娇生惯养、害怕吃苦,逃避社会实践,或认为社会实践就是走形式、走过场。这些固有的错误观念都会导致实践效果不佳。因此,学校要强化实践教育引导,提高学生的认识水平,使学生树立科学的实践观。学生自身也要通过学习不断深化认识,为素质教育功能落实提供有力保障。对学生现有的思想纠偏,就要端正学生的态度,转变学生对实践固有的观念和认识,转变长期以来重教育轻实践的观念,不能只注重理论知识而忽视实践教育的作用,同时要让学生认识到社会实践活动在新时代促进全面发展的重要意义。

学生认识到社会实践的重要意义是社会教育功能实现的思想基础,是学生从学校到社会身份转变的关键。参与社会实践,有利于学生实现自我角色的转换,包括思想、业务、心理和生活等多方面的转换。

社会实践对学生综合能力和素质的提高具有重要的意义。因此,学校可以建立积极的应对机制,例如,开展实践宣讲,使学生认识到社会实践的重要性。此外,还可以充分发挥教师的引导作用,使学生认识到道德品质对于成长发展的重要性。

3. 鼓励受教育者自主践行

主动实践与被动实践直接影响到社会实践的实际效果,因此,要将学生被动实践的思想转变为主动实践,鼓励受教育者自主践行。首先,要提供学生自主践行的客观条件。社会实践活动要想吸引学生主动参与,就必须有灵活多样的实践形式和丰富多样的实践内容。其次,要凸显学生个人价值,让学生自己制定实践方案,根据自身的需求参与到具体的实践活动中。在开展社会实践活动的同时,让学生树立主动服务理念,深入基层为基层奉献自己的力量,把学生个人的价值与社会价值相统一。此外,要鼓励学生自主践行,就要让学生把握时代主题,紧跟当前热点,与时俱进,强化资源意识和创新意识。

在社会实践活动中，大学生要有突破和尝试的勇气，结合当下的需求，积极探索与创新，在确定主题后以讨论的方式进行探索，集思广益，提出更加优秀的方案。

在实践方式上，要尽可能多元化；在组织模式的选择上，应该充分考虑学生的实际情况，既可以个人单独组队，也可以以小组为单位组队；在实践内容方面，可以发挥主体能动性，采取相互交流和深化互动的形式，多听取参与者对于实践的意见和反馈。

(三) 健全社会实践育人平台

1. 打造社会实践品牌项目

通过建设试点单位，打造社会实践品牌项目，加强实践品牌的培育和精品实践服务队伍的建设，以精品活动吸引大学生来参与社会实践，引领大学生素质教育，不断巩固实践成果，促进大学生的成长，强化社会实践品牌项目和实践活动的延续性。

2. 建设社会实践基地

社会实践基地是大学生开展社会实践活动的重要场所，是能稳定且长期开展社会实践活动的重要保障。高校应积极争取校友等社会资源，与企业、社区等加强沟通，建立长期、稳定的社会实践基地，这样既能合作共建、互赢，又能给学生提供稳定的社会实践基地资源。

各高校应积极与贫困地区开展一对一帮扶活动，在此基础上迎合新时代大学生的特点，打造新型"支教类"实践活动，让学生切身体验国内稍微落后的山区的现状，体验较为艰苦的生活，以达到社会实践的目的，增强学生爱国之心，激发学生努力加强自身能力回报国家和社会的爱国之心。

(四) 健全实践教育保障机制

1. 提供思想保障

理论课是实践教育的理论来源，对大学生解决自己的疑惑具有一定的指导意义和价值，而理论课教师在引导学生树立正确的价值观上发挥着极其重要的作用。教师在课上了解学生关注的热点和兴趣点，并按照适度交叉和整体贯通的思路有效整合"原理""基础""概论""纲要"四门课的教学主题，提炼出符合大学生特点的实践教育主题，将实践主题分配到相关的社会实践活动当中。

在课堂上，首先，理论课教师可以将以往的实践情况通过数据、图片等形式

第七章　传统文化融入大学生素质教育的整体实现路径

展示给学生，积极宣传社会实践活动，增强学生对社会实践过程和实践意义的了解。其次，理论课教师可以将新的理论成果和方针策略在课堂上传递给学生，这为学生主题的选择以及素质观念的形成奠定了理论基础。此外，在实践开展过程中，教师要对社会实践进行专业指导，引导学生积极关注社会现实，主动关注时事热点，在社会实践中提高学生科学、理性、客观分析问题的能力，提升学生的综合素养。"高校理论课和大学生社会实践从根本上都是围绕培养什么人、为谁培养人以及如何培养人展开"，因此，高校应该融合第一、第二课堂，统筹二者的共性，发挥社会实践中素质教育的功能。

2. 提供实践保障

健全社会实践教育的保障机制是开展社会实践的关键环节，社会实践活动的场所本就在校外，所以争取社会的支持是高校开展社会实践活动的可寻之路。由于社会资源的灵活性很强，所以可以充分发挥社会资源对大学生社会实践的支持作用。

首先，可以利用社会资金的支持优势。社会资金的支持，可以改善社会实践活动由于资金不足而造成的实践不充分和效果差等问题，还可以为延伸性实践研究提供一定的支持，促进创新性实践活动的发展。

其次，可以对社会资源进行充分利用。高校可以整合、开发、合理利用社会资源，提高社会群体对大学生社会实践重要性的认识，广泛寻求社会团体的支持，为社会实践开展提供相对稳定的支持系统。当前社会各界对于大学生社会实践的认识还不深，以及大学生认为社会实践的回报率比较低，导致社会支持力度不够。因此，在新形势下，只有广泛争取社会的支持，充分利用社会资源，才能够使社会实践活动的教育功能得到更好的发挥。

大学生社会实践既是高校的责任，同时又与社会各界有着密切的联系，高校社会实践工作者要不断整合资源，将学校与社会中的可用资源整合起来，进行调整和调配，以适应时代发展需要。同时也必须建立社会实践制度和保障机制，促进实践教育的发展。首先，要有相应的保障措施，使学生在社会实践过程中没有后顾之忧。其次，要建立经费保障机制和专款专用机制。为增强指导教师的积极性，可以根据工作量给予补助，同时也要对资金进行监管，确保社会实践资金没有挪为它用。最后，要建立探索机制，形成专门的指导力量，关注新形势、新问题，把握新情况，使教师和学生都能够共同进步。

(五) 形成完善的监督、评价与奖惩机制

1. 完善监督机制

完善大学生社会实践中的监督机制,是社会实践活动有效开展的基础。一方面,高校要加强监督。首先,要加强对学生的监督管理。由于社会实践中的场所和环境是多种多样的,为保障学生真正有效参与社会实践,高校应要求学生打卡,并总结自己的体会感悟,进行汇报。其次,要加强对教师的监督。教师是学生社会实践活动的负责人,应由专人对教师的工作进行监督,对教师的指导态度与方法、管理能力等方面进行监督。此外,要加强服务监督。学生在实践中有多样的服务需求,为保证各个部门密切配合,为学生社会实践工作提供支持,还应该建立起专门的服务监督管理部门,保障学生实践的效果。

另一方面,实践基地要加强监督。实践基地工作人员也应该提高认识,将监督考核纳入日常工作体系中,树立严肃的纪律和规矩,加强对学生实践的监督,为学生实践提供支持与帮助。

2. 优化评价体制

评价机制对于检验活动的实施效果有着非常重要的作用。在实际评价过程中应避免对学生进行总结性评价,甚至对学生进行分等级、排队,弱化了社会实践活动评价的真正意义。因此,在实际工作中,学校应该不断优化评价机制,切实提升学生的综合素养。

(1) 加强评价主体的多元化

教师、学生和与活动相关的人员均是重要的评价主体。教师作为社会实践活动的组织者和策划者,应密切关注和记录学生的活动过程,是非常重要的评价主体,必须对学生的表现做出科学、客观的评价,对学生积极的表现予以肯定,对其不足予以包容和鼓励,促进学生发展。

学生以往总是被评价的客体,这样既不利于其反思自己的表现,养成反思的习惯,同时又限制了学生的全面发展。因此,学生必须成为社会实践活动评价的主体,既让他们参与活动,又让他们自评、互评,这样更有利于他们在实践中成长。

除了教师和学生外,参与到社会实践活动中的校内外工作人员也可以成为评价的主体。他们在各种活动中起着非常重要的辅助作用,他们以第三方特有的视角观察学生的活动过程,细致观察、比较学生参与活动情况和存在的问题,能够全面、客观的做出评价。

（2）采用合理的评价方式

教师采取的评价方式，应兼顾学生的实践能力和综合素质，同时还具备导向性作用，具体包括：①过程性评价，在社会实践活动过程中，及时向学生反馈信息，使学生了解自己的表现；②诊断性评价，教师在活动中对学生遇到的问题或困难进行评价，启发学生分析原因、解决问题；③总结性评价，在社会实践活动结束后，教师对学生进行的评价，可以了解学生在本次活动中具体得到了哪方面的成长；④发展性评价，特指教师基于学生的某一发展目标，为促进学生达到该目标而对学生的活动进行的评价，有利于增强学生参与活动的积极性，提高活动效果。

学生采取的评价方式主要包括自评和互评。自评有利于提高学生的反思能力，使学生了解自己的长处和不足，使学生对自己在活动中取得的成效或存在的问题有比较直接的认识。这种评价方式可以增强评价的全面性。互评是学生评价小组成员在社会实践活动中的表现，有利于他们发现并学习对方的优点，并引导学生相互合作和帮助。

校内外参与社会实践活动的工作人员采取的是参与式评价，主要是以辅助的方式对学生在活动中的表现进行评价。他们不如教师熟悉学生，因此他们的评价方式主要以收集意见或建议为主，对于完善社会实践活动的评价体系有着非常重要的作用。

不同的地区和学校要科学调整社会实践活动的评价方式，探索出合理的评价方式，有效考查学生各项能力的发展情况，促进学生的全面发展。

3. 完善奖惩机制

完善的奖励和惩罚机制不仅可以保障实践活动的有效开展，同时也可以落实实践指标。

就学生而言，一是要建立起实践活动联合管理机制，校团委和教务处共同将实践活动纳入学校的计划，设立实践学分和实践时长，对学生的社会实践内容做出明确的、规范的要求。如果学生未在规定的实践期限内完成，就会影响到毕业。二是要建立数据库，对报名、签到、开展活动等环节进行一体化管理。同时将学生参与过程更新到系统网站中，对实践成果进行评比，评选出优秀实践团队和优秀个人，将实践的成绩与学生的奖励、补助等荣誉相结合，还可在优秀个人中选出积极分子、预备党员等。

就指导教师而言，一是应积极支持教师对社会实践与素质教育课题的研究，充分发挥教师的积极性和专业指导作用。二是将教师指导成效与评奖评优、职称晋升等相联系，提高教师指导社会实践的积极性。学校针对教师和学生建立相应的奖惩机制，可以提高教师的责任心，也可以提高学生参与的积极性，提高了师生的获得感和满足感。

监督、评价机制的形成不是一蹴而就的，往往要经过长期的探索，高校可以落细节于实处，逐步推进。评价的目的是检验和保障实践教育的效果，科学合理的评价机制才能促使学生在实践中展现自己的风采，收获丰硕的实践成果，促进实践教育的发展。今后高校在社会实践的探索中也要补齐自己的短板，建立科学考核机制，使评价结果更具有说服力。只有保障社会实践活动不变质不变味，保障学生参与实践活动的基本权利，保障学生参与的积极性，才能够达到实践教育的意义。

第四节　网络媒体路径

一、推动网络新媒体有效进入传统课堂

当今大学生基本都会运用互联网，且据相关调查，学生在网络消费群体中占有很大的比重，因此高校应该充分利用网络新媒体传播传统文化。除了在课堂教堂教学中运用网络新媒体外，高校还可以借助学校官网、官微、微信公众号、微视频等平台，推送与传统文化相关的内容，以此来弘扬传统文化。

二、打造网络精品课堂

高校必须以互联网的迅速发展为契机，树立网络思维，熟悉网络语言，既要宣扬主流思想，又要使用新手段，提高学生对传统文化的认同感。高校可以借助媒体打造更多的网络精品课程，如南开大学顾沛老师主持的《数学文化》是国家精品课程，2014年还获得了国家级教学成果奖，这项课程也是文理交融课程建设中取得的一项丰硕成果。高校应该以此为模范，更多地发掘这种将学科知识与文化进行融合的课程，为素质教育课程体系建设添砖加瓦。

三、充分利用网络共享平台

资源整合和资源共享是信息时代的一大鲜明特征，网络时代的来临也为各种数据信息的融合创造了条件，实现了信息在国际、校际、人际间的流通，打破了教育在时空上的诸多限制，学生只要想学习，就可以随时随地在网页上或下载

APP进行学习。翻转课堂、云课堂、慕课等发展势头迅猛，凭借在线学习的时效性赢得一批大学生的青睐。高校可以充分利用这些平台，推选展示一批校园网络名站名栏，引领建设校园网络新媒体矩阵，并借助学校官网、新浪微博、微信朋友圈、百度贴吧等方式宣传传统文化的内容。这种方式可以弥补学校专任教师数量不足的缺陷，实现资源共享，省时省力。

四、借助高科技手段提高教学效果

因势利导利用现代信息技术是应对急速变化的网络时代的有效途径，有条件的高校可以借助高科技，如VR（虚拟现实技术），它可以利用计算机生成一种虚拟环境，让人感觉仿若身临其境、置身其中，这种高科技既可以克服传统教学环境的限制，拓宽课堂教学内容，实现虚实结合，从而激发大学生的学习兴趣，又能使理论知识得到更好的传播，增强理论课程的实效性。

当前，北京物资学院在思政课堂上对VR技术进行了初步探索，建立了虚拟情景体验式教学模式，这也为我们借助高科技传播传统文化增强了信心。还有在2017年高考录取通知书上率先使用AR技术（Augmented Reality，增强现实技术）的西北工业大学，如果能将这些高科技引进教学过程，肯定会受到好奇心强的大学生的青睐。

需要注意的是，由于网络消费群体的庞大、信息内容的繁杂，高校应当引导学生合理使用网络，鼓励学生利用所知所学传播网络正能量，明辨是非、伸张正义，不做沉默的大多数。国家要加强互联网管理，整治有害信息，净化网络空间，守护好共同的网上精神家园。

五、推进网络文化法律法规建设

由于我国网络发展速度较快，网络法治建设跟不上技术的脚步，法律规范的制定、网络法制教育相对滞后，网民法律意识急需加强，网络亚文化由此产生，这不仅影响到高校大学生的健康成长，甚至对社会和谐稳定造成了威胁。并且网络文化作为新时代的产物，具有复杂多样的时代特征，为此必然要将法律法规建设作为制度保证，充分发挥出法律的作用，以保证网络文化健康发展。

相关部门应当加大网络监管力度，通过法律法规打击不良文化，以宣扬正确的网络舆论导向。由于各个地区的文化具有差异性，相关部门应当结合当地网络文化实际情况，因地制宜地对不同网络不良文化事件进行处理。

此外，由于我国科技的迅猛发展，国家相关部门应当结合实际情况，针对未

来有可能出现的问题,提前做好相关法律法规的制定工作。高校应当组织学生学习网络安全法律法规,开展网络法制教育,使学生增强网络法律意识,从而提升自身的网络文化素养,以抵御不良网络文化的影响。

参考文献

[1] 章慧蓉，郭立，杨静. 开启创新之门：创新人才素质教育与实践 [M]. 北京：冶金工业出版社，2016.

[2] 杨君萍. 传统文化与人文素养 [M]. 长春：吉林文史出版社，2017.

[3] 杨福荣，邰蕾芳. 中国传统文化与大学生德育教育研究 [M]. 西安：西安交通大学出版社，2017.

[4] 郭雪峰. 中国优秀传统文化与大学生人文素质培养 [M]. 长春：东北师范大学出版社，2018.

[5] 孙耀胜. 中华优秀传统文化与大学生素质教育探究 [M]. 北京：中国水利水电出版社，2017.

[6] 杨志春，杨道建. 大学生文化引领与素质教育实践创新 [M]. 北京：光明日报出版社，2018.

[7] 王官成，苟建明. 高职院校文化育人的创新与实践 [M]. 北京：光明日报出版社，2018.

[8] 向秀清，黄迎春. 中国传统文化与艺术欣赏 [M]. 重庆：重庆大学出版社，2018.

[9] 姚运肖，韦地，王飞. 传统文化精神与大学生思想政治教育 [M]. 北京：国家行政学院出版社，2018.

[10] 金疆，王伟. 传统茶文化在大学生人文素质培养中的实效研究 [M]. 沈阳：辽宁大学出版社，2019.

[11] 年仁德，戴淑贞，杨麦姣. 高校中华优秀传统文化教育的设计与规划 [M]. 北京：知识产权出版社，2019.

[12] 胡志明，孙哲，秦世琼. 中华优秀传统文化在大学生素质教育中的缺位与构建 [J]. 当代教育理论与实践，2017，9（04）：117-120.

［13］宋芹.关于中华传统文化在大学生素质教育中的渗透研究［J］.中国市场，2017（04）：193+214.

［14］韩菁.黄炎培职教思想与新时代大学生素质教育及中国传统文化的融合策略研究［J］.汉字文化，2020（S1）：144-145.

［15］王聪.互联网背景下大学生素质教育精准教学模式探索［J］.现代交际，2020（12）：211-212.

［16］韩露，陈丽娟，张家明.新时代大学生素质教育立体培养体系构建［J］.中国成人教育，2020（09）：40-42.

［17］刘燕.儒家文化精髓对当代大学生素质教育的价值探析［J］.山东商业职业技术学院学报，2020，20（02）：57-60.

［18］李孟贾，霍楷，籍亚玲.大学生素质教育中艺术素养的教学改革与实践研究［J］.才智，2020（06）：216.

［19］邵乐强.高校心理健康教育对大学生素质教育的作用［J］.教育教学论坛，2020（02）：63-64.